SV

Christa Wolf
Mit anderem Blick

Erzählungen

Suhrkamp

Inhalt

I

Nagelprobe

Ich habe in einem Raum gesessen, denke ich, oder erzähle ich jemandem, den ich noch nicht kenne, da sind von beiden Seiten, genaugenommen auch von vorn und von hinten, also von allen vier Seiten, Nägel auf mich zu gewachsen, ob Sie es glauben oder nicht, es waren Leute da, hundert vielleicht, also ein Auditorium, dem ich etwas vortragen mußte, während ich mich insgeheim fragte, wie weit diese Nägel, da sie nun einmal die Lein-Wände durchbrochen hatten, also durch sie hindurchgeschlagen worden waren, sich noch herauswagen würden. Millimeterweis, glaubte ich, seien sie schon herangewachsen, seit ich, auf Abstand bedacht, vorsichtig an diese Nagelfelder herangetreten war und mich ihrem Strudeln und Kreisen, ihrem Sog und dem Splittern und Bersten des Materials, das sich ihnen widersetzte, überlassen hatte. Es gehörte ja, entsinne ich mich, die Nageltonne, in der die böse Frau den Abhang hinuntergerollt wird, in den Fluß hinein, zu meinen frühesten Schreckensvorstellungen, nicht wahr, das Märchen weiß ich nicht mehr; oder etwa jene menschlichen Formen nachgebildete eiserne Mulde, in die das Opfer oder eben der zu Verhörende hineingezwungen wurde, so daß vom Deckel her durch eine sinnreiche Vorrichtung nagelspitze Spieße allmählich auf ihn zubewegt werden konnten, stelle ich mir vor, auf sein weiches, zuckendes Fleisch, bis er aussagewillig war und sich schuldig bekannte, oder die Frau, die nun endlich bereit war, einzugestehen, daß sie es als Hexe mit dem Bösen getrieben hatte, denke ich. Das hätte sie eher haben können, nicht wahr, oder braucht sie die Nagelprobe, damit die Wahr-

9

heit, nichts als die Wahrheit, endlich aus ihr herausgetrieben wird, Tropfen für Tropfen, wie ihr Vorrat an Blut, von dem jene Königin, ob sie sich nun mit der Nadel oder dem Nagel gestochen hat, nur drei Tropfen in den Schnee verlieren muß – aus dem Finger? denke ich zum erstenmal zweifelnd –, um ihr Kind vor sich zu sehen, weiß wie Schnee, rot wie Blut und schwarz wie das Ebenholz aus den Kolonien, jenes sehr dauerhafte, schwere, feinporige Schmuckholz, das das deutsche Märchen schon kennt, welches ja die böse Stiefmutter dann in den glühenden Pantoffeln tanzen läßt. O Karoline, von der ich gerade lese: Wie privilegiert du bist, daß du dir deine Todesart selbst wählen konntest, den scharf geschliffenen spitzen Dolch, denke ich, und sage ich jetzt Ihnen.

Mit Näglein
b
e
s
t
e
ck
t

Die allabendliche Drohung, erinnere ich mich, und daß die Mutter nicht wissen konnte, wie sie mich aus dem Schlaf sang. Die Verkleinerungsformen Nägelein und Nägelchen dienen frühneuhochdeutsch (und noch mittelhochdeutsch, als die Lieder und Märchen entstanden) als Bezeichnung für die Nelke, nicht wahr, diese duftende Wild- und Zierblume, die ihren Namen der Gewürznelke verdankt, jener getrockneten Blütenknospe des auf den

Molukken und Philippinen heimischen Gewürznelkenbaumes, deren Form Ähnlichkeit mit kleinen Nägeln hat.

So geht es nicht weiter, oder doch? Jetzt wollen wir aber mal Nägel mit Köpfen machen, nämlich jene spitzen Werkzeuge zum Einschlagen in einen Gegenstand, zugespitzte, aus Schaft und Kopf bestehende, aus Metall (Eisen, Messing, Zink, Kupfer usw.), mitunter aus Holz hergestellte Stifte, Befestigungs- bzw. Verbindungsmittel, meist aus hartgezogenem Stahldraht, aus Vierkantstabeisen geschmiedet oder aus Blech- oder Bandstahlstreifen geformt, mit zugespitztem rundem oder mehrkantigem Schaft und angestauchtem bzw. kaltgepreßtem kegelstumpfförmigem, flachem oder gerundetem Kopf.

Manche Nägel aber haben keinen Kopf.

Oder manche, sicher auch ich, gebe ich zu, haben einen hohen Nagel im Kopf. Nämlich man lernt nie aus über die Formen von Dünkel und Selbstdünkel, sage ich. Ich lerne nie aus.

Oder manche treffen den Nagel auf den Kopf. Manche treffen immer jeden Nagel auf den Kopf. Oder sie treffen unfehlbar jeden Kopf. Unfehlbar immer jeden anderen Kopf, denke ich. Manche sind unfehlbar, sage ich. Neidisch? frage ich mich. Jedenfalls muß ich doch fragen, ob ich neidisch bin.

Aber der Neidnagel, auch Niednagel genannt, ein aus dem Niederdeutschen auf jene mir immer rätselhaft bleibende Weise ins Hochdeutsche aufgenommenes oder »gewandertes« Wort, hat ja nichts mit dem Neid zu tun, nichts mit Mißgunst, Groll, Eifer, Arg, auf die man sich immer verlassen kann, denke ich, Leidenschaften, denke ich neidisch, auf die man sich unter uns Menschen immer verlassen kann, weshalb der Künstler, vermute ich, vielleicht zu den Nägeln übergegangen ist, jenen *Vermittlern optischer Spannungen.* Und die neidische Kammerjungfer, die mir eben doch wieder einfällt, nämlich aus dem Märchen von der Gänsemagd, die ja sogar ihre eigene Strafe bestimmen durfte, jene Nageltonne, die allerdings, lese ich nach, nicht den Abhang heruntergerollt, sondern von weißen Pferden straßauf, straßab gezogen wurde. Und als das Urteil vollstreckt war, vermählte sich der junge König mit seiner rechten Gemahlin, und beide beherrschten ihr Reich in Frieden und Seligkeit. –

Um aber auf den Niednagel, älter nijpnaghel, zurückzukommen, der sein erstes Glied aus kneipen, kneifen, klemmen, zwicken herleitet, weil eben, weiß man ja, jene am Nagelrand eingerissene Haut zu einem kneifenden, drückenden, schmerzenden Nagel wird, den man aber wieder und wieder berühren, den man weiter und weiter aufreißen muß, die Schmerzlust zu wiederholen und zu vermehren, jene Vermittlung seelischer Spannungen, Signale aus einer Unterwelt, die das Kind sonst nicht ausdrücken darf. Mit Rosen bedacht, mit Näglein besteckt, singt die Mutter, erinnere ich mich, ein mit einer Unzahl sehr kleiner Nägel besticktes, sozusagen gespicktes Kind in seinem Bett, morgen früh, wenn Gott will, droht die singende Mutter, wirst du wieder geweckt, verspricht auch, daß Gott wollen wird, aber wer sagt dem Kind, daß Gott jeden einzigen Morgen, den er, der liebe Gott, werden läßt, immer wieder wollen wird, immer wieder unermüdlich dieses Kind wird wecken wollen, das ihm ja beinahe täglich mit einer Fülle von Verfehlungen Grund genug gibt, es nun endgültig satt zu haben, es also endlich einmal nicht zu wecken, wie jeden Morgen, sondern seinen unruhigen Schlaf in einen tiefen, dann in einen ewigen übergehen zu lassen. Gott ist kein Ding unmöglich, kein Ding unter seiner Sonne, die diesem Kind dann allerdings nicht mehr scheinen wird, niemals mehr, denkt schluchzend das mit Nägeln besteckte Kind in seinem Bett, erinnere ich mich, sondern starr und steif und tot wird es, unerweckt und unerweckbar, in einem Sarg liegen, einem von jenen, die im Schaufenster des Sargladens ausgestellt sind, weiße kleine Kindersärge, und die Tränen der Mutter werden reichlich fließen, während man diesen Sarg mit großen Sargnägeln zunageln wird, und niemals mehr würde die Mutter zu dem Kind sagen, es sei ein Nagel zu ihrem Sarge, auch im Scherz nicht, nicht einmal im Scherz, und niemals mehr würde sie sagen, das Kind solle doch nicht alles so schwer und so ernst und so genau nehmen, es sei ja alles nicht so gemeint, immer ist alles nicht so gemeint, denkt das Kind, erinnere ich mich, bis wir uns endlich entschließen, nun aber Nägel mit Köpfen zu machen.

Oder Nägel in Köpfe zu schlagen.

Jene Holzplastik aus dem Kongo, jener geschlechtslose Kopf aus schwarzem Holz (Ebenholz?), der von beiden Seiten – Wange, Ohr, Hals – dicht bei dicht mit Nägeln beschlagen ist. Während der Mund wie zum Schrei (oder zum Stöhnen, Ausatmen?), jedenfalls einer Luftbewegung von innen nach außen, halb geöffnet und das eine, linke Auge neben der flachen, gleichwohl ausdrucksstarken Nase in gelber Glut entbrannt ist. Eine Lichtquelle widerspiegelt? Wie die ersten Reihen der unregelmäßig eingeschlagenen, in den Kopf eingeschlagenen Nägel, *Nägel, die helfen, Lichtphänomene zu artikulieren*. Die, rätselhaft, zwischen den Lebenden und Toten vermitteln sollen, *ri-*

tualhafte Hammer- und Nagelexerzitien, der Nagel als *reiner Fetisch,* er schütze die Unschuldigen und strafe die
Schuldigen, lese ich, ein künstlicher lebloser Gegenstand,
der verehrt wird und dem magische Kräfte zugeschrieben
werden, Nagelmagie also, denke ich, ungefüge, verschieden lange, verschieden starke, vielleicht nicht maschinell
hergestellte Nägel, deren jeder, höre ich, eine Nachricht
berge. Eine eigene Geschichte. *Am Anfang war der Nagel.*
Der krumme, brüchige, rührende Nagel in der Museums-
vitrine, 800 vor Christus, während ja die Kralle, Klaue mit
ihren Nägeln, also dünnen Hornplatten auf den letzten
Finger- und Zehengliedern der Wirbeltiere, denke ich, um
ein Beträchtliches vor den Holz-, Bronze- und Eisenstiften
zum Packen, Greifen, Halten, Ritzen, Zerreißen, Klam-
mern, Raffen fähig gewesen sein muß, nicht wahr, und
mir kommt zum erstenmal der Gedanke, daß ohne sie,
ohne die langen, festen, spitzen Nägel, weder die Vögel
noch unsere frühen Verwandten, die Primaten, überlebt
hätten, warum aber, frage ich mich, sind die kleinen weißen Flecke nur auf den drei letzten Fingernägeln meiner
linken Hand, es soll sich ja um Anzeichen handeln, nur
habe ich vergessen, um Anzeichen wofür (Kalkmangel?).
  Nicht das Schwarze unterm Nagel gönnt er ihr, Ge-
sprächsfetzen im Supermarkt. Jeder einzige Nagel eine
Geschichte. – Ob Sie es glauben oder nicht, was nicht
niet- und nagelfest ist, wird heutzutage gestohlen. Natürlich ist unsere Ware elektronisch gesichert, und ein jeder
Ladendiebstahl wird unverzüglich zur Anzeige gebracht,
nicht wahr, doch wen schreckt das schon, die beiden
Diebe, lese ich bei jenem populären Humoristen, über-
wältigen tief im vorigen Jahrhundert den dicken Mann /
daß er nicht schrein noch laufen kann / und hängen ihn, o

14

Sünd und Schand / an einen Nagel an die Wand: nur um sich später gegenseitig in den Spitzen ihrer Regenschirme aufzuspießen. Denn die Strafe fehlet nie. / Gesegnet sei das Paraplü.

Kulturfetische übernagelt, Fernseher, Piano, Penetration, denke ich, Durchdringung, Verletzung des Götzen, der Teilnehmer am Kult? frage ich mich, Zerstörung des Teuren, womöglich Teuersten, Erzwingung des Dialogs? *Dialog, der zur Bewahrung des Menschen aufruft,* lese ich, *Kunst, die um das Menschliche kreist, obwohl sie nicht den Menschen darstellt.* Nagelbürsten, Nagelbretter, Nagelbäume, Nagelwald.

Nagelfeldzüge. Zugespitzte Objekte, das Gefährliche wird herausgeschlagen, hervorgetrieben unter der verlogenen Unschuld, nehme ich an. Ein Herz, das noch im Schlafe ruht / Das wecke nur zum Scherze nicht / Man tritt ja auch mit Nagelschuhn / Nicht in ein Beet Vergißmeinnicht.

Einen Notnagel braucht der Mensch, nicht wahr, da erscheint mir meine Großmutter, der lange krumme Nagel, auf den sie die Zeitungspapierstücke spießt, Viertelseiten, die mein Großvater als Toilettenpapier zurechtgeschnitten hat, da steigt mir ein ganz bestimmter Geruch in die Nase, da sehe ich den bärtigen Mund meines Großvaters, dicht bei dicht mit Schusternägeln besteckt, die er einen nach dem anderen herausnimmt, um sie in unsere Schuhsohlen zu schlagen, wieder eine unnütze Ausgabe gespart, nicht wahr, wer den Pfennig nicht ehrt, ist des Talers nicht wert.

Oder daß Schmerz- und Opferhandlungen jenen »lieb« genannten, in Wirklichkeit strengen und rachsüchtigen Gott (mit Recht, mit Recht streng, ja böse angesichts unserer Verfehlungen!) umstimmen und zur Verzeihung, zum Wiedergutsein verführen, zwar wäre das Nagelbrett des Fakirs als Objekt des Schmerzzufügens hoch wünschenswert, doch muß man sich vom Kleinen zum Großen, vom Unvollkommenen zum Vollkommenen hoch- und durcharbeiten, nicht wahr, aber der eine Nagel unter dem Bettlaken drückt und quält auf beschämend unerträgliche Weise, morgens liegt er vor dem Bett, der Ansatz zur Sühne gescheitert wieder einmal an der Schwäche des Fleisches, nicht wahr. Nagel im Schuh. Und übrigens können ja im schlimmsten Fall, den wir doch zusammen mit unserem volkstümlichen Dichter ruhig immer annehmen wollen, die bösen Buben, die ohne jeden Respekt Diogenes, den Asketen und Philosophen, in seiner Tonne piesacken, plötzlich und unerwartet von der gerechten Strafe ereilt werden – mit Hilfe zweier Nägel, die im Fasse stecken und die besagte Buben bei den Röcken fassen: Da hilft kein Weinen und kein Schrein / sie müssen unters Faß hinein / die bösen Buben von Korinth / sind platt gewalzt, wie Kuchen sind: so daß wir auch noch den pädagogischen Tiefsinn des Nagels schätzen lernen.

Oder immer wieder die Hammerschläge des gräflichen Schmiedes und Moralhüters: Landgraf Ludwig, werde hart! Hämmern, einhämmern, Meister Hämmerlein. Nageln, zunageln, zusammennageln. Verbohrt und vernagelt, nicht wahr, der hat ja ein Brett vorm Kopf.

Auch angenagelt. Ans Kreuz genagelt mit starken Nägeln (Hufnägeln?), mit wuchtigen Hammerschlägen, zu denen man sich eine Hand, einen Arm, einen kräftigen Mann vorstellen muß, als Ausführenden, denke ich mir, Nägel, deren breite Köpfe, mit liebevoller Genauigkeit gemalt, realistisch aus Händen und übereinandergenagelten Füßen hervorstehen, die die ganze Last des verrenkten Hängeleichnams ertragen, während die eine der Frauen da unten nichts anderes zu tun weiß, als die Hände zu ringen, die andere schier umzusinken droht, das Lämmchen aber zierlich sein rechtes Pfötchen hebt und ein Kreuzlein trägt. Nein: Die Nägel, die Kreuzesnägel beherrschen die Szene und die Alpträume, so daß die Botschaft der Vergeblichkeit aus dem zentralen Saal des Museums wie ein betäubender Dunst auch die anderen Räume durchdringt, wo, nur als Beispiel, *eine fortlaufende Passion* (es gibt keinen Schmerz, der nicht zu übertreffen wäre), auf einem Bild aus der Gattung nature morte verschiedene sauber und plastisch gemalte Gegenstände an Haken (gebogenen Nägeln) an der Rückwand eines hölzernen Schrankes aufgehängt sind, nämlich Flaschen und Krüge von unterschiedlichsten Formen und Materialien, eine Korbflasche darunter, wie sie heute leider gar nicht mehr in Gebrauch sind, *Bücherstilleben, Augenbetrügerstilleben,* ich habe noch viel zu tun, denke ich, und stehe, *geführt von der magischen Hand des Zufalls,* vor der mich spöttisch ansehenden »Melancholie« des Lucas Cranach, ein sehr junges, wohlgestaltes blondes Mädchen im fließenden roten Gewand, versonnen vor sich hin blickend, nicht wahr, während es Überraschendes tut, nämlich mit einem Messerchen, in dem das einzige Nägelchen auf diesem Bild steckt, an einem Stöckchen herumschnitzt, so daß ein allerliebstes Rütchen daraus wird, der Ball oder die Kugel ihr entglitten und bis an den Fuß des Tisches gerollt, wo, mehr im Vordergrund, das ebenfalls graue Hündchen mit gekreuzten Pfötchen ruht, im Hintergrund aber drei Puttenknäblein einen vierten, der auf einer Himmelsschaukel sitzt, munter abstoßen, doch in der düsteren Wolke über der Landschaft draußen, da jagen sie wieder, auf Wildschwein, Drachenschlange, Roß und Stier, der dunkle Ritter mit dem Federhut, die nackte Alte, auf der Schlange reitend, den Totenschädel aufgespießt, aber rücklings auf dem Stier – dem Stier- und Liebes-Gott Dionysos geweiht? – hinter einer anderen nackten Alten, heller als alle, die splitternackte Junge, die der noch sittsam ihr Kränzlein tragenden, arglos ihr Rütlein schnitzenden rotgewandeten anderen Jungen mit den Engelsflügeln so verteufelt ähnlich sieht, nicht wahr, all unser Wohltun und Unschuldig-bleiben-Wollen ist ja vergeblich, die dunkle wilde Jagd ist ja, womöglich in unserer Gestalt, über dem Land, und die steile feste Burg im Hintergrund wird sie nicht abwehren, ganz im Gegenteil, da kommt sie schon über uns, mit Spießen und mit Stangen, und wir hören den Hetzruf, und der heiße Atem schlägt uns in den Nacken, und wenn wir uns umsehn und in ihre Gesichter blicken, erschrecken wir vor unserem Ebenbild, das wir nicht erkennen wollen, wie jene ungetreue Kammerjungfer aus dem Märchen ja auch nicht sehen konnte, daß sie über sich selbst das Urteil sprach. Denke ich und sage ich jetzt Ihnen.

Prinzip Hoffnung

Genagelt
ans Kreuz Vergangenheit.

Jede Bewegung
treibt
die Nägel
ins Fleisch.

1992

Im Stein

Ein Erwachen Aber vielleicht sollte ich damit nicht anfangen, frage ich dich, nicht jedesmal wieder mit dem
Anfang anfangen, das heißt so tun als wüßte ich das Ende
nicht oder als könnte ich mir immer noch einmal etwas
aus der Lebensmasse / Stoffmasse herausschneiden, das
mit Anfang beginnt und mit Ende endet, das heißt genaugenommen die Täuschung weitertreiben, aber ver-
miede ich denn die Täuschung, frage ich mich, wenn ich
mit dem Ende anfinge, was hieße so tun als gebe es ein
Ende solange ich lebe, als hätte ich mir nicht seit längerem klargemacht, daß alle die Buchstabenenden in allen
den Büchern künstliche Abbrüche sind, abgetriebene
Fortsetzungen oder wie soll ich das nennen ohne die Bü-
chersprache zu bemühen

ein Erwachen also, das weiß ich noch, wie ein Mich-
lösen aus einer zähen Materie / Schlamm, Asphalt? / Pelz
in der Mundhöhle, Gewichte auf den Gliedern, verzöger-
te Bewegungen / Zeitlupe / ABER WIR HABEN JA ÜBER-
HAUPT KEINE EILE aber, will ich der Schwester sagen,
die in Eile ist, ich habe heute nacht etwas gehört, einen
Ton nämlich ein Schrillen das haargenau den Unerträg-
lichkeitspunkt in meinem Trommelfell traf Immer schon,
hätte ich unpassenderweise beinahe der Schwester gesagt
die mir die Spritze verabreicht hat fast ohne daß ich es
merkte, das erinnere ich mich, immer schon hätte ich gewußt wenn man mich foltern wollte könnte man das
ohne weiteres mittels eines Geräusches tun / Konjunktiv / sehr laute Musik oder was sie heute in Discos so nennen würde genügen Wo war das doch, versuchte ich mich

zu erinnern, während eine andere Schicht meines Ge-
dächtnisses mir Stichworte zu dem Thema Folter lieferte
um mir zu beweisen daß ich nicht immer schon über Fol-
termethoden nachgedacht habe, aber doch ziemlich früh
gebe ich dieser Instanz Bescheid, wo war das doch wo
ich das Lokal vor allen anderen verlassen mußte nicht zu
Ende essen konnte weil ich den von der Musik erzeugten
Ohrenschmerz nicht mehr ertrug Niedriger Schmerz-
pegel / bekannt / Aber jetzt wäre es an der Zeit, fiel mir
ein, da die Schwester schon an der Tür wartete den Namen für das Insekt zu finden das mich nachts gepeinigt
hat / Insekten werden uns Menschen und alle Säugetiere
überleben, wo habe ich das gelesen / das ich vor mir sah
in all seiner Schönheit und Bosheit mit seinen fragilen
Fühlern und seinen winzigen Glupschaugen die per-
gamentenen Flügel mit den zierlichen überlangen Hinter-
beinchen streichend und so jenen Ton erzeugend der sich
durch die Tablettentaubheit in mein Hirn gebohrt hat
So geht es mir jetzt oft wie du weißt Selbst bei Menschen die ich lange kenne und vor mir sehe bis zu den
feinsten Härchen ihrer Augenbrauen / Bildergedächtnis /
rückt mein Namensgedächtnis den Namen nicht heraus
Heuschrecke sagte ich versuchshalber ACH SIE MEINEN
UNSERE GRILLE DIE SICH FÜR DEN WINTER IM
MAUERWERK HINTER DER HEIZUNG EINGERICH-
TET HAT Freudiges Erkennen
   Eine Frage hatte sich durch die Schlamm / Asphalt-
schichten in meinem Gehirn durchgearbeitet mit fühl-
losen Lippen, das weiß ich noch, gab ich sie von mir Was
sie mir denn zur Nacht gegeben hätten DIE ÜBLICHE
DOSIS kam die bereitwillige Auskunft und daß sie nach-
wirkte erschien nicht unerwünscht Daß die Fähigkeit der

Wahrnehmung nicht unterbrochen wohl aber die Schärfe
der Empfindung abgestumpft war Wie versprochen
GLAUBEN SIE MIR SIE WERDEN NICHTS SPÜREN
DAS WIRD NICHT IHR EIGENER KÖRPER SEIN VIEL-
LEICHT IST ES JA AUCH EINE NEUE ERFAHRUNG
FÜR SIE UNTERSCHREIBEN SIE HIER
Woher sie wüßte daß ich noch eine neue Erfahrung
machen wollte hätte ich sie fragen können Sie hätte es als
Spaß verstanden Sie war sehr freundlich Sie beantwortete
mir jede Frage ACHTZIG PROZENT ALLER PATIENTEN
ENTSCHLIESSEN SICH FÜR DIESE NARKOSE Damit
hatte sie mich das war mir klar Ich unterschrieb obwohl es
mir klar war und obwohl ich nicht vergessen hatte daß ich
entschlossen gewesen war auf dem Tiefschlaf zu bestehen
Leicht belustigt sah ich mir zu, das weiß ich noch, wie ich
das vorgegebene Muster bediente wieder einmal bediente
Von wegen neue Erfahrung, dachte ich, daran erinnere
ich mich Oder wollte ich etwa zu jenen zwanzig Prozent
gehören die zu feige oder zu konventionell oder einfach
zu dumm waren dieses Angebot anzunehmen / Sie wollen
vermeiden mich umzubringen / Lach nicht Du sollst jetzt
nicht über mich lachen, sage ich dir
JETZT WIRD ES ERNST HABEN SIE ANGST Sie treffen die Wörter nicht, dachte ich, ob du es glaubst oder
nicht und schüttelte einfach den Kopf der mit dieser un-
kleidsamen aber praktischen Plastikhaube bedeckt war
Sehr schnell kam es mir vor fuhren sie mich im Bett diesen langen kahlen Gang entlang Es gab Wegweiser die ich
lesen konnte, erinnere ich mich Ich bin ganz bei mir,
dachte ich Graue Decken über mir Die sollten sie neu an-
streichen lassen, das muß ich ihnen danach sagen SO DA
WÄREN WIR Konjunktiv, denke ich leicht irritiert Eine

der Marotten der Umgangssprache der ich später nachgehen will

Grüne Hölle Urwald Lianen Affen Gekreisch Grün re-
flektiert das Licht weniger grell als Weiß *Götter in Weiß*
Mein Kopf eine Schutthalde für unbrauchbare veraltete
abgenützte Wortverbindungen unrecycelbar schadstoff-
belastete Versatzstücke Löschen löschen, dachte ich um
neuen Platz zu machen Jedoch benutzen wir ja, wo habe
ich das gelesen, nur einen Bruchteil unserer Gehirnkapa-
zität so daß auf den allermeisten Verbindungen zwischen
den Zellen meines Gehirns der Funkverkehr ruht vielmehr niemals aufgenommen wurde also von Verbindungen im eigentlichen Sinn gar nicht erst die Rede sein kann
und jene neue Erfahrung die mir angeblich bevorsteht
sich in meinem betäubten Gehirn zuerst einmal Bahn
brechen müßte / Konjunktiv / WIR WARTEN NOCH AUF
DIE INSTRUMENTE aber sie werden sie mir nicht zeigen, dachte ich, die Instrumente und verspürte einen
winzigen Anfall von Lachlust der wieder verging ehe er
recht aufgekommen war

JETZT SETZEN SIE SICH BITTE AUF UND BEUGEN
SICH WEIT VOR JETZT TASTE ICH DIE GEGEND UM
IHRE LENDENWIRBELSÄULE AB JETZT SPÜREN SIE
EINEN KLEINEN EINSTICH DIES WAR DIE LOKAL-
ANAESTHESIE JETZT SETZE ICH DIE NARKOSE SIE
SPÜREN NICHTS

Die Schlangengöttin Der Schlangenbiß Örtlich be-
täubt Wenn ich hier wieder rauskomme, dachte ich, darf
ich nicht vergessen und vergaß was ich nicht vergessen
durfte

JETZT SCHIEBEN WIR SIE IN DEN OPERATIONS-
RAUM *Grün grün grün sind alle meine Kleider* Farben-

blind was Der Freund der Sohn des Polizisten der nicht mit Mädchen spielen sollte Das soll grün sein Blau ist dein Kleid blau blau und alle Kinder unter den Akazien schrien blau blau blau Tränenblind Du mußt noch viel lernen Kind Eintritt ein Marsmensch in Grün Das fand ich übertrieben, erinnere ich mich, dann verstand ich Alles war Täuschung Dies war eine Entführung durch Außerirdische die sich an mir nicht infizieren wollten Täuschung das menschliche Auge hinter der Sichtscheibe des Raumfahrerhelms Ich habe euch durchschaut sollte ich rufen Bleibe stumm Der Marsmensch spricht meine Sprache aber tun sie das nicht alle JETZT MUSS ICH SIE ANPINSELN ZUR DESINFEKTION DAS KÜHLT EIN BISSCHEN DAS GELBE ZEUG WÄSCHT SICH SPÄTER WIEDER AB Der Marsmensch beugt sich über mich und atmet gefilterte Luft durch den gelenkigen Schlauch

WAS WOLLEN SIE HÖREN WIR HABEN EINE GROSSE AUSWAHL MOZART ABER BITTE SEHR SITZEN DIE KOPFHÖRER SIE BESTIMMEN DIE LAUTSTÄRKE

Ein Stück Fleisch auf der Schlachtbank

NEIN NEIN SEHEN WERDEN SIE NICHTS Der Bügel über den die grünen Tücher geworfen werden die mir die Sicht verwehren Das Auge als wichtigstes Sinnesorgan wo habe ich das gelesen *Zum Sehen geboren zum Schauen bestellt* Daß ich hören riechen schmecken kann scheint sie nicht zu beunruhigen Beunruhigt es mich *Augen meine lieben Fensterlein Gebt mir schon so lange holden Schein Einmal werdet ihr verdunkelt sein* Das Stadtschreiberhaus in Zürich Das Licht über dem See Ich habe es gesehen Der Tastsinn soweit er sich in den Fingerspitzen versammelt ist ausgeschaltet Der rechte Arm ausgestreckt und durch die Kanüle in der Ellenbogenbeuge an das Infusionsgerät angeschlossen Der linke Arm erhoben und angebeugt mit breitem Riemen an den Bügel geschnallt DAMIT SIE NICHT ETWA AUS VERSEHEN MITARBEITEN WOLLEN

Wenn ich hier wieder rauskomme darf ich nicht vergessen immer ein Papier bei mir zu tragen das ihnen verbietet im Falle eines unheilbaren Leidens die Agonie zu verlängern dadurch daß sie mich an ihre Maschinen anschließen JETZT BEWEGEN SIE BITTE IHREN GROSSEN ZEH Das geht nicht JETZT HEBEN SIE MAL EIN BEIN AN Aber das geht doch nicht AUSGEZEICHNET DIE NARKOSE SITZT DAS WAR DER TEST Den Test in Fühllosigkeit habe ich bestanden, dachte ich

Jetzt stecke ich im Stein Jetzt steckt mein Unterkörper mit angezogenen Beinen im Stein DAS IST JA GANZ NATÜRLICH DAS IST DAS LETZTE WORAN IHR GEHIRN SICH ERINNERT DASS SIE MIT ANGEZOGENEN BEINEN AUF DEM RAND DER PRITSCHE SITZEN Sie haben mein Gehirn überlistet Sie haben ihm eine Erinnerung an einen Augenblick aufgezwängt der längst vorüber ist Sie haben die Bahn zwischen meinem Kopf und den Beinen unterbrochen Es ist zum Staunen aber ich fürchte mich nicht *Das Unausweichliche mit Würde tragen* wo habe ich das gelesen Übrigens ist es ja Unsinn So mag das meiste was ich gelesen und meinem Gehirn eingespeichert habe / auf die Umlaufbahnen in meinem Gehirn gebracht habe / schlicht und einfach falsch sein abgenützt wie die Gelenke verbraucht Und wie mag es kommen daß mir das zunehmend gleichgültig wird / das Alter? / daß mir die Berichtigungs- und Beschwichtigungsversuche zunehmend lästig werden Mir kommt es so vor,

überlegte ich, als trieben nur Trümmer von vor Licht-
jahren zerplatzten Planeten hinter meiner Stirn und als
könnte ich nichts anderes mehr tun als ihnen zusehen /
Konjunktiv / VIELLEICHT IST ES JA AUCH EINE NEUE
ERFAHRUNG FÜR SIE Eine neue Erfahrung in Überdruß, fragte ich mich *Der Mensch ist so jung wie seine Gelenke* / Buchtitel /

Zwei weitere Marsmenschen in ihren grünen Rauman-
zügen passieren gemächlich / schwerfällig mein Gesichts-
feld Schwerelos? DER CHEFARZT BESTEHT AUF DIE-
SER MONTUR DIE GRÖSSTE DRECKSCHLEUDER
IM OPERATIONSSAAL SEI DER MUND DES CHIRUR-
GEN / Konjunktiv / ICH BLEIBE HINTER IHNEN SIT-
ZEN DIE HERREN FANGEN JETZT AN

SKALPELL Sind wir denn im Kino

Mozart dreht auf Schneiden einschneiden ins Fleisch
schneiden ins eigene Fleisch schneiden Oboen und Flö-
ten oder was sind das für Instrumente Anwesend und
nicht dabei sein Sie haben die Sehnsucht erfüllt die wir
nicht auszusprechen wagen den Horror vor der Verletzung des Körpers besiegt Medusa, dachte ich, Gorgo Medusa in deren Kult der süße Klang der Flöte eingebettet
war Medusa die Sinnende nicht immer eine Schreckens-
gestalt sondern einmal das herrlichste und beneidetste
unter allen Wesen Medusa die Herrscherin Der Zeussohn
Perseus muß der Schlafenden das Haupt abschlagen damit ihr Blick ihn nicht treffe der ihn versteinern würde /
Konjunktiv / Den Helden, Drachentöter Schlangentöter
Die Stelle in meinem Kopf die weiß daß sie mein Fleisch
öffnen ist wach Die Stelle in meinem Kopf die den
Schmerz spüren müßte ist eingefroren im Stein So blickt
er in den Spiegel seines blanken Schildes, nicht wahr, und

trennt der Frau das Haupt vom Rumpf mit einer Harpe / Sichel die ihm Athene gibt, die dem Vatergott willfährig war Sie haben sich immer zu helfen gewußt, sage ich dir

DAS IST JEDESMAL WIE SCHWEINESCHLACHTEN Die Maske die sich die gezähmte / zivilisierte / Athene anheftet / Medusa die Fürchterliche / Die wilde Frau der man nicht ins Gesicht sehen kann Der der Mann / Perseus Donner und Blitz entreißt um sie dem Zeus zu überbringen Medusa aus deren blutendem Rumpf das Pferdchen Pegasos entspringt das Flügelpferd der Poesie aus dem Rumpf der sterbenden Frau So soll es sein So mußte es werden Der Spiegel der Kunst erspart dem Künstler das Hinstarren auf die Untat und die Versteinerung durch Entsetzen

TUT IHNEN IRGEND ETWAS WEH Nein nichts Oder wäre es dir lieber du spürtest das Messer / Konjunktiv / Lästerlicher Gedanke Enthemmte Kopfgeburten Die Narkose verweigern bei der Geburt der Kinder Dabeisein wollen Den höchsten Augenblick genießen Der Blutgeruch der den Desinfektionsgeruch durchdrang erinnerte mich daran Perseus Muttermörder Das war der Schritt aus der Steinzeit und alles was wir seitdem tun oder unterlassen ist eine Folge dieser ersten Untat Spiegelfechtereien um ihr nicht ins Gesicht zu sehen Und doch, mußte ich denken, versteinern wir ganz allmählich Schwester Medusa Stiefschwester Athene Fleisch von euerm Fleisch Doch werden ihre Messer eure Spur in mir nicht finden oder in irgendeiner meiner Körperhöhlen

Dreh dich nicht um der Plumpsack geht um Und ich habe mich immer umgedreht, mußte ich denken, immer der Neugier gehorcht Unbezähmbare Neugier Da wirft mir der Kinderfreund den Stein an die Brust *Das ist die Strafe* Dreh dich nicht um oder du versteinst Mit dem Stein um den Hals ins Wasser Die Hexe / Wahrheitsprobe / Mit Steinen in den Taschen in den Fluß Virginia *Beobachte unaufhörlich. Beobachte den Eintritt des Alters Beobachte die Gier. Beobachte meine eigene Verzweiflung. Dadurch wird sie nützlich.*

BLUTDRUCK IN ORDNUNG PULS NORMAL

Ja Mozart ja Pauken und Trompeten Jubilieren Sie nur Süßer Schmelz Ihrer Geigen Schmerzensmann In die Schmerzfreiheit eingefroren haben wir das Jubilieren verlernt Dreh dich nicht um Steinlandschaft Ruinenfelder aus denen im Zeitraffer Häuser wachsen Die Menschenkette Sie werfen sich Ziegelsteine zu Die scharfen Kanten die durch die Handschuhe ins Fleisch schneiden Erinnerter Schmerz Jetzt wird der Grundstein gelegt *Stein auf Stein Stein auf Stein Das Häuschen wird bald fertig sein* Steinhäuser Steinmauern Eine Steinmauer an der der Schmerz abprallt Zum Steinerweichen Dreh dich doch um

Sie kommen vorwärts einwärts knochenwärts DAS IST WIRKLICH DER ALLERDÜMMSTE JOB WENN MAN ALS LETZTER ASSISTENT NUR DASTEHEN MUSS UND STUNDENLANG DEN HAKEN HALTEN Die Wunde offenhalten So reden wir gleichnishaft und tun alles die Wunde schnell zu schließen Jede Wunde zu schließen Vergessen Vergessen Vergessen heißt leben Oder du steckst dir Steine in die Tasche und gehst in den Fluß *Liebster. Ich glaube, daß wir eine solche schreckliche Zeit nicht noch einmal durchmachen können. Darum tue ich, was mir in dieser Situation das beste scheint. Du bist mir alles gewesen, was einem einer sein kann. Alles, außer der*

27

Gewißheit deiner Güte, hat mich verlassen. Sie weiß daß der Tod das einzige Erlebnis ist das sie nicht beschreiben wird

Nabelstein Vom Nabel abwärts im Stein Auch das Geschlecht im Stein Für immer frage ich mich Entsagen Der Fleischeslust entsagen, dachte ich und wartete auf den Schrecken ... *doch das Fleisch ist schwach* Wonach graben sie denn in meinem schwachen Fleisch Nach welcher Wahrheit Welche Auskunft soll ihnen in Geistesabwesenheit das Fleisch geben Worüber könnte es zu ihnen sprechen / Konjunktiv / Über die Schwäche des Geistes nehme ich an die sich im Fleisch niederschlägt oder ausdrückt oder manifestiert oder wie soll ich das nennen Denn der Geist kann sich nicht selber tragen oder verwirklichen oder aufgeben Das Fleisch gibt den Geist auf Das hätte mir auch früher schon einfallen können

Querschnittsgelähmt Ich suche die Stelle im Kopf die für den großen Zeh zuständig ist Ich mache eine starke Anstrengung den großen Zeh zu bewegen Da rührt sich nichts Herr Mozart Mein Kopf findet meinen großen Zeh nicht mehr Vielleicht rührt sich da niemals mehr etwas So lassen Sie doch ihren Taktstock sinken Ihre Klänge können einem auch lästig werden *Gegenklänge* heißt das Kandinskybild Farbklänge erinnere ich mich / jene Stelle im Kopf die für Farben zuständig ist erinnert sich / in Mattgrün Mattrot Braun Gelb Schwarz mit wenigen Tupfern angriffslustigen Rots

Das steinerne Herz Urangst aus Kindertagen Schwere Wahl Das Herz aus Stein das dich grausam und unverletzlich macht oder das angstvoll fühlende und mitfühlende Herz das jeder Stein trifft Jeder Stein aus jeder Richtung trifft / Typisch Märchen Schauermärchen / *Schon*

Dante empfand ja in den Steinwürfen der Knaben die seine Vertreibung aus Florenz begleiteten daß auch der Wurf eines Wichtes Gewicht hat Ah Dante

Wenn Menschen schweigen werden Steine schreien Die Schatten der Leute von Hiroshima auf den Steinen

Wer will fleißige Handwerker sehn Tohuwabohu der Einfälle Sie haben mir ja, sagte ich mir, bis zu einem gewissen Grad auch die Kontrolle über meine Einfälle genommen / Gedankenflucht / Handwerkerlärm Sägen und Hämmern unterbricht das Hornsolo das Mozart an dieser Stelle für angebracht hält Schlecht isolierte Wände, dachte ich, erinnere ich mich Man sollte die Handwerker nicht bis in den Operationssaal hören Knochensäge fällt mir ein eine Erleuchtung Jetzt sägen sie meinen Knochen durch SIE KOMMEN GUT VORAN WAS SPÜREN SIE Nichts AUSGEZEICHNET Mein Arm zittert so merkwürdig DAS IST NORMAL SIE SIND AUFGEREGT Aufgeregt Das glaube ich nicht Wie kann nur ein Arm aufgeregt sein Kann sein auch meine Beine mein Geschlecht meine Füße möchten sich aufregen Kann sein auch sie möchten zittern Wo bleibt das Zittern meiner Beine meines Geschlechts meiner Füße In den Stein gebannt BEI DIESER ART NARKOSE WIRD IHNEN NACHHER NICHT ÜBEL WERDEN

Jetzt sägen sie wieder Die Musik schwindet Ein Horn? Ein Cello? Oder ertaubt jetzt auch mein Ohr Lauter bitte Machen Sie die Musik lauter HÖREN SIE SIE JETZT Ich höre ja ich höre Der bleiche Knochen den wir beim Steinesuchen am Strand finden / Steinesuchen an verschiedenen Stränden / ... *daß das weiche Wasser in Bewegung mit der Zeit den harten Stein besiegt* Steinzeit nicht Menschenzeit Das Insekt im Bernstein Das versteinerte Seepferd-

chen Die kleine Seejungfrau Ihr versteinerter Fisch-
schwanz Der schneidende Schmerz wenn sie auf Menschenfüßen an Land geht um der Liebe willen Wenn sie
sich um der Liebe willen gezwungen sieht ihr Element zu
verlassen Auf Menschenfüßen laufen welch ein Schmerz
Das lernt sich das lernt sich alles Auf Frauenfüßen gehen
Meine Füße gingen lieber aus der Zeit Medea die um der
Liebe willen / um der Liebe willen? / dem Jason den Stein
in die Hand gibt den er unter die Krieger werfen muß
die aus der Drachensaat aufgestanden sind damit sie
sich untereinander töten und er Jason den Drachen / die
Drachin besiegen kann Ah Medea
  Wer unter euch ohne Schuld ist der werfe den ersten Stein
Oder probiere wenigstens aus wie er sich anfühlt Wie
er in der Hand liegt Wie er sich schleudern würde /
Konjunktiv / Aus Urzeiten überlieferte Lust So viele Steine an die das Kind nicht denken durfte Schon gar nicht
vorm Einschlafen Schon gar nicht an die gesteinigten
Frauen die das Gesetz gebrochen hatten Das Gesetz der
Steiniger / männlich / Wodurch gebrochen Oder Worte
anstelle der Steine Worte wie Steine SIE SPÜREN DOCH
NICHTS Nein nichts Oder wer im Glashaus sitzt und mit
Steinen wirft Immer wieder mit Steinen werfen sich immer wieder ins Glashaus setzen muß Solche Verrücktig-
keiten eben Stimme des Großvaters Jetzt bohren sie das
unterliegt keinem Zweifel ES HANDELT SICH DAR-
UM DEM KÜNSTLICHEN GELENKSCHAFT EINE
VERANKERUNG IN IHREM VERBLIEBENEN OBER-
SCHENKELKNOCHEN ZU SCHAFFEN VERSTEHEN
SIE Selbstverständlich Es handelt sich zum Glück um die
selbstverständlichste Sache von der Welt Die Frage wo
mein eigener Knochen mein eigenes Gelenk verbleiben

entsteht für Bruchteile von Sekunden in meinem Kopf
ES GIBT NATÜRLICH AUCH IN UNSEREM HAUS
EINE KNOCHENBANK AUF DER NOCH BRAUCH-
BARE KNOCHENTEILE BEI EINER TEMPERATUR
VON MINUS SIEBZIG GRAD FÜNF JAHRE LANG
AUFBEWAHRT UND WENN NÖTIG VERWENDET
WERDEN KÖNNEN verwendet verwundet verwundert
Es ist an alles gedacht Es könnte alles nicht besser bedacht
sein Fünf Jahre fünf Monate fünf Wochen fünf Tage fünf
Stunden fünf Minuten fünf Sekunden im Stein

Der Felsen an dem ein Vogel alle hundert Jahre seinen
Schnabel wetzt und wenn der Felsen abgetragen ist ist
eine einzige Sekunde der Ewigkeit vorbei *O Ewigkeit du
Donnerwort* Am gleichen Felsen ist ja Prometheus ange-
kettet und muß sich von dem Adler die unglücklicher-
weise nachwachsende Leber zerfleischen lassen *Ich kenne
nichts Ärmeres unter der Sonne als euch Götter/* Seminar-
stoff Einübung ins gehobene Reden / Von künstlichen Le-
bern hat man noch nichts gehört Oder Andromeda vom
eigenen Vater an den Felsen geketet dem Ungeheuer zum
Fraß Gerettet übrigens von jenem Perseus der mit dem
frisch abgeschlagenen Medusenhaupt seine Gegner, unter
ihnen Andromedas Onkel versteint, fällt mir ein Die
Wahrheit der Texte unter den Schichten von Verkennung
Täuschung Irreführung Es mühsam lernen die richtigen
einschneidenden Fragen zu stellen Nicht zu vergessen jener Sisyphos So viele Steine an die das Kind nicht denken
darf schon gar nicht vor dem Einschlafen, sage ich dir

Jetzt hämmern sie aber Das neue künstliche Gelenk /
Titanlegierung / muß ja festgeklopft werden SIE SPÜREN
DOCH NOCH IMMER NICHTS Nein nichts AUSGE-
ZEICHNET Für Lob immer empfänglich Aber wenn sie

nichts sagen will dann sagt sie nichts da beißt du auf Granit Die Mutter Sie hat doch diesen Gerechtigkeitsfimmel Aber der Stein lag doch wirklich auf dem Strich Erbarm dich Und weil ein alberner Hopsestein nach deiner Meinung auf dem Grenzstrich lag verkrachst du dich mit deiner besten Freundin Aber der Stein lag doch wahr und wahrhaftig nicht im Feld und wenn der Stein auf dem Strich liegt ist der Nächste dran Und da kannst du nicht mal ein Auge zudrücken Aber wenn der Stein doch auf dem Strich lag Granit das sag ich ja Stein des Anstoßes

Stein Schere Papier Feuer Stein schleift Schere Schere schneidet Papier Papier wickelt Stein ein Feuer verbrennt Papier Stein schlägt Feuer Da füllte Rotkäppchen dem Wolf den Bauch mit lauter Wackersteinen und stieß ihn daß er kopfüber in den Brunnen fiel *Der Wolf ist tot der Wolf ist tot Mariechen saß auf einem Stein einem Stein einem Stein und kämmte sich ihr goldnes Haar goldnes Haar* Ah einmal Mariechen sein dürfen Ah goldenes Haar haben Stein im Schuh Aber du wirst doch nicht wegen einem winzigen Stein im Schuh zurückbleiben und uns alle aufhalten wollen *Viel Steine gabs und wenig Brot*

JETZT MUSS ICH SIE MAL AN DEN SCHULTERN FESTHALTEN DIE HERREN MÜSSEN AN IHREN BEINEN ZIEHEN Die Hammelbeine langziehn WAS HABEN SIE GESAGT ODER HABEN SIE GELACHT Habe ich gelacht JETZT DAUERT ES NICHT MEHR LANGE JETZT MACHEN SIE SCHON ZU Nadelarbeit oder was *Langes Fädchen faules Mädchen*

Der Stein fällt desto schneller um so tiefer

Am Grunde der Moldau da wandern die Steine Mit Steinen in der Tasche zum Grunde gehen Das Große bleibt groß und klein bleibt das Kleine Ja Mozart schmettern Sie nur dagegen an Oder, ich weiß nicht, habe ich dir das je erzählt, Jahr für Jahr im Träumen und im Wachen auf nacktem kalten Steinboden vor den Richtertischen liegen und die Aussage verweigern Ein ums andere Mal Schweigen schweigen schweigen wie ein Stein Dieses Jahr friert es aber wieder Stein und Bein *und die Vögel fielen wie Steine vom Himmel* Ein Asteroid der auf der Erde einschlug hat das Massensterben der Dinosaurier verursacht, wo habe ich das gelesen Andromeda und ihre schöne Mutter Kasseiopeia stehen als leuchtende Sterne / Steine am nächtlichen Himmel Zwei kleine Steine hat Anton mir mit ins Krankenhaus gegeben die ich immer in der Hand halten sollte Es sind Beschützersteine weißt du Man hat sie mir aus der Hand genommen Helene schrieb mir einen Spruch auf *Marmor Stein und Eisen bricht aber unsere Liebe nicht* Wenn sie aber wüßten wo die Liebe ihren Sitz hat würden sie sie herausoperieren und einfrieren Feinfrostliebe Aber sie wissen es nicht und das Fleisch in dem die Liebe gleichmäßig verteilt ist, ja das glaub ich, erzählt ihnen nichts auch wenn sie es gründlich beschaut haben Wer aber das Liebessubstrat herausfilterte / herausfolterte würde steinreich / Konjunktiv /

Jetzt taucht aber reichlich spät jener Stein vor mir auf / Findling mit seltener mineralischer Einlagerung / den sie uns vom See herauf vor das Haus geschleppt haben *Ich habe ein Foto von Ihrem Stein ins Heimatmuseum gegeben* Steintisch Familientisch unter der kleinen Linde Sie haben ihn so geschickt vom Laster heruntergelassen daß die glatte Seite oben zu liegen kam und das Kaffeegeschirr Stand hat Früh wenn die Sonne auf den Stein scheint Heimatstein

Die Steine selbst so schwer sie sind die tanzen mit den

muntern Reihn Der Steintanz jedoch / zwölf schmale hochgerichtete Steine im Kreis / steht da still im Dunkel des Waldes und rührt sich nicht von der Stelle hundert und hundert Jahre lang Und wird da stehen wenn ich unter einem Stein liegen werde und das Fleisch das sie jetzt so sorgfältig zusammennähen vermodert sein wird Woran zu denken ich mich jetzt etwas schneller gewöhnen sollte / Konjunktiv / sage ich mir *Die Nacht hat zwölf Stunden dann kommt schon der Tag* Ja Herr Mozart kommen auch Sie nun zum Schluß triumphaler als unsereins Das versteht sich / Die Leichen der Leute von Pompeji in der Lava Die Steine auf dem Grab des Rabbi Löw Den Stein der Weisen suchen Soll das denn gar nicht aufhören / Vergänglichkeit du Donnerwort HÖREN SIE WORÜBER DIE HERREN JETZT REDEN ÜBER DAS LAVAGESTEIN IN DER EIFEL DIE TÜCHER KÖNNEN WIR JETZT ABER WEGNEHMEN SIE HABEN ES GESCHAFFT

Drei Marsmenschen verlassen den Raum Einer dreht sich um und hebt grüßend die Hand ehe er schwerfällig weggeht Der steinerne Gast ist zum Mahl erschienen und straft den Höhnenden den Lästerer den Sünder Abseitiger Gedanke, sagte ich mir, da geht er hin und ich kann nicht zurückgrüßen das wäre frivol ABER JETZT SCHNALLEN WIR SIE AB SIE SPÜREN NOCH IMMER NICHTS DAS IST NORMAL WENN DANN DIE SCHMERZEN ANFANGEN SAGEN SIE BESCHEID Leben bedeutet Schmerz Aber das weiß ich doch schon lange, dachte ich, erinnere ich mich SIE SIND MÜDE SIE WERDEN JETZT SCHLAFEN Ja Ich werde schlafen Soll ich damit aufhören Mit erwachen anfangen und mit schlafen aufhören und so den Kreis schließen, frage ich dich   1996

Assoziationen in Blau

Wer aber schrie vor Freude,
als das Blau geboren wurde?
Pablo Neruda

Sie, Pablo, stellen merkwürdige Fragen. Das Blau? Geboren? Aber war es denn nicht immer da? Als Himmelsblau über der Kindheitslandschaft? Als das unvergänglichste Blau, das es gibt? Draußen ist der schönste blaue Himmel, und du hockst hier drin über deinem Buch! Du wirst noch zum Blaustrumpf, dann kriegst du später keinen Mann. Das Blau schrieb Geschichten. Der Freund von Annemarie will ihr das Blaue vom Himmel runterholen, hat er gesagt. Ich hol dir vom Himmel das Blau. Ach du liebes Gottchen, das sagt so einer doch nur so ins Blaue hinein. Aber treu ist er ihr, sagt sie. Wer's glaubt. Sie ist blond, da trägt man Blau, sagt ihr Freund. Blau, blau, blau sind alle meine Kleider. Blau ist die Farbe der Treue. Aber rote Schuhe neuerdings, die hat er ihr sogar geschenkt. Rot und Blau schmückt die Sau und dem Kasper seine Frau. Er macht gerne mal blau, ihr Freund. Heute blau, und morgen blau, und übermorgen wieder. Blauer Montag.

Na siehst du. Montag blau, Dienstag Hunger, das kennt man. Und jetzt torkelt er leider draußen über den Platz und singt dazu: Kornblumenblau ist der Himmel am herrlichen Rheine. Total blau, der Mensch. Dem hilft auch kein Blaukreuzler mehr. Kornblumenblau sind die Augen der Frauen beim Weine. Das kannst du laut sagen.

Neulich hat er sie grün und blau geschlagen. Na siehst

du. Und da hat ihr Bruder gesagt, jetzt kann er aber sein blaues Wunder erleben und hat ihn gehörig verbleut, er ist nochmal mit 'nem blauen Auge davongekommen. Schön und gut. Aber jetzt wird sich Annemarie von dem hoffentlich keinen blauen Dunst mehr vormachen lassen. – So blauäugig kann doch selbst sie nicht sein. Von den blauen Bergen kommen wir, Schatz ach Schatz, du bist so weit von hier. Unser Lehrer ist genauso dumm wie wir, haben wir gesungen. Der Himmel ist blau, das Wetter ist schön, Herr Lehrer, wir wollen spazierengehn. Ihr wollt euch wohl einen blauen Brief einfangen, was? Merkt euch lieber endlich die Farben des Regenbogens: Rot Orange Gelb Grün Blau Indigo Violett. ROGGBIV. Oder wollt ihr bloß wieder was vom Krieg hören, als die blauen Bohnen unsereins nur so um die Ohren geflogen sind. Im Gleichschritt Marsch. Ein Lied. Die blauen Dragoner, sie reiten, mit klingendem Spiel durch das Tor.

Könnt ihr nicht mal was Schönes singen, Donau so blau, so blau, so blau, das war der erste Walzer, den ich mit Hans getanzt habe.

Ja ja. Immer dasselbe. Hat schlecht geendet mit ihrem blauen Matrosen.

Darüber kommt Grete nicht hinweg. Ein blauer Matrose, der segelt um die Welt. Er liebte ein Mädchen, doch hatte er kein Geld. Das Mädchen errötet, und wer war schuld daran? Der blaue Matrose in seinem Liebeswahn. So was kann schiefgehen. Eben mußte die Frau X mit Blaulicht weggebracht werden. Blausäure, sag ich nur. Hatte schon ganz blaue Lippen. Da kommt jede Hilfe zu spät. Der feine Pinkel, der sie sitzengelassen hat, soll ja blaues Blut gehabt haben, jedenfalls hat er ihr das gesagt.

König Blaubart, kennt man ja. »Der fremde Ritter

nämlich hatte einen ganz blauen Bart, und vor dem hatte sie ein Grauen, und es ward ihr unheimlich zumut, sooft sie ihn ansah.« Hätte sie man auf ihr Gefühl gehört. Aber der hat ihr einen Blaufuchs geschenkt, da hat sie gedacht, so einer kann nicht lügen, und da ist sie weich in den Knien geworden. Das hier kostet Sie aber ein paar blaue Lappen, die wollen erstmal verdient sein. Wenn schon. Für die Reinschrift verwenden wir immer blaue Tinte. Aber zuerst stellen Sie mir bitte eine Blaupause her, bei so einem Projekt will man ja keinen Schuß ins Blaue hinein machen. Doch mancher schießt ins Blaue und trifft ins Schwarze.

Früher hatten wir in zwei Stunden die Milchkanne voll Blaubeeren. Und nachmittags war der Kuchen schon fertig. Karpfen blau zu Neujahr? Niemals. Karpfen in Biersoße, so gehört sich das. Und Forelle blau ist was für feine Leute. Blau ist einfach keine Farbe für Eßwaren. Mehr für Blumen. Veilchen, zum Beispiel. Ein Veilchen auf der Wiese stand, gebückt in sich und unbekannt, es war ein herzig's Veilchen. Blaukraut, im Süden, na meinetwegen. Und blauen Likör, den gibt's ja wohl. Curaçao, oder wie der heißt. Und Käse, der sich Blue Master nennt, mit Schimmel drin, nichts für mich. Aber wie man blaue Kartoffeln züchten und die dann »blaue Maus« nennen kann, wird mir ewig unbegreiflich bleiben. So was Unnatürliches.

Blau, Pablo, ist die Farbe der Sehnsucht. Haben Sie das gemeint? Frühling läßt sein blaues Band wieder flattern durch die Lüfte. Die blauen Hügel in der blauen Ferne. Auf zu blauen Horizonten. Blaue Fahnen nach Berlin. Preußisch Blau, Berliner Blau, wichtiges Blaupigment, aus Eisensulfat und gelbem Blutlaugensalz gewonnen.

Als feiner Strich auf Porzellan. Das tiefe Kobaltblau der gläsernen Vasen, Schalen und Aschenbecher, Lieblingsfarbe. Tischdecken mit Blaudruck, alte Muster. Eine Technik, die ausstirbt.

Einmal im Leben an der blauen Adria sein. O Himmel, strahlender Azur. Der blaue Falter, der uns vorausflattert. Der blaue Vogel auf dem Vorhang der Künstlerin Liessner-Blomberg für das Kabarett der russischen Emigranten im Berlin der zwanziger Jahre. Kandinskys Blauer Reiter. Franz Marcs Turm der blauen Pferde. Picassos blaue Periode. Die blaue Stunde zwischen Tag und Traum. Nachtblau.

Taubenblau. Das blaue Licht aus dem Grimmschen Märchenbrunnen, das dem braven, ungerecht behandelten Soldaten, wenn er seine Pfeife daran anzündet, nicht nur Genugtuung, sondern ein ganzes Königreich verschafft und die Königstochter dazu. Auf andre Art geht's nicht. Des Generals Franco Blaue Division im Spanischen Bürgerkrieg. Die Europafahne in Blau. Und die Lebensmittelpäckchen, welche die Amerikaner in Afghanistan abwerfen, neuerdings in Blau, nicht mehr in Gelb, damit sie sich von den gelben Streubomben, die sie auch abwerfen, unterscheiden. Die blaue Blume dagegen, Pablo, ein Symbol der deutschen Romantik, eine Erfindung des Freiherrn Friedrich von Hardenberg, genannt Novalis.

Dessen Romanheld, der Heinrich von Ofterdingen, begegnet ihr im Traum, eine hohe, lichtblaue Blume, die zunächst an der Quelle stand und ihn mit ihren breiten, glänzenden Blättern berührte.

»... Er sah nichts als die blaue Blume und betrachtete sie lange mit unnennbarer Zärtlichkeit.« Und er folgt ihrem Sehnsuchtsbild, und er sieht in ihr »eine Schutzwehr gegen die Regelmäßigkeit und Gewöhnlichkeit des Lebens«, einen Zauber gegen die Monotonie des Irdischen. Wer aber schrie vor Freude, als das Blau geboren wurde?

Woran dachten Sie, Pablo. Jetzt weiß ich es: Es waren die Außerirdischen, die vor Freude schrien, als sie sahen, wie die Erde, der blaue Planet, geboren wurde.

2003

II

Begegnungen Third Street

How are you today? Fine! höre ich mich sagen und habe
den ersten Beweis, daß neue Reflexe sich bilden, denn wie
hätte ich noch vor ganz kurzer Zeit, gestern noch, mein
Gehirn umgegraben nach einer schnellen zutreffenden
Antwort, die heute pretty bad lauten könnte, oder müßte,
bis ich begriff, daß nichts von mir verlangt wurde, als ein
Ritual zu bedienen, das mir auf einmal beinahe human
vorkommen wollte, Elevatorsyndrom, denke ich und sehe
wohlwollend die junge Dame aus dem Staff an, die,
superschlank in ihrem knapp sitzenden Kostümchen, ein
zu einem Schwan aus Goldpapier geformtes Geschenk
auf der flachen Hand, nach oben schwebt in die Gefilde
der Seligen, nämlich in den zehnten Stock, wohin es
mich, angewiesen auf jenes mit meinem Foto versehene,
am Jackettaufschlag zu befestigende Schlüsselbündchen,
das in schmalen, ausziehbaren Schränkchen bei der Secu-
rity im vierten Stock verwahrt wird, niemals hinauftreibt,
obwohl es uns ja keineswegs verwehrt wäre, von dort
oben den sicherlich noch weit eindrucksvolleren Blick auf
die Palmen und den Pazifik oder, aus einer anderen Fen-
sterreihe, auf die Santa Monica Mountains zu genießen, der mir aber, sage ich mir, wieder im Elevator, how
are you today, fine, aus dem sechsten Stock, der mir zu-
gewiesen ist, nicht nur genügt, sondern als genau angemessen erscheint, was unlogisch und merkwürdig ist,
eine kokette Selbstbescheidung? Doch wohl nicht, denke
ich, während das andere Tonband in meinem Kopf, von
dem die Rede noch nicht war, weiterläuft, es kann ja von
allem, was gleichzeitig geschieht, nicht gleichzeitig die

Rede sein, denke ich nicht ohne Bedauern, *Der Spur der Schmerzen nachgehen, das sagt sich so, wenn du schmerzfrei bist,* aber nun stehen wir in der *lounge,* und die Sonne macht aus ihrem heutigen Untergang etwas Besonderes, eine Steigerung, die ich nicht für möglich gehalten hätte, und wir sehen stumm ihrer Inszenierung zu, bis jemand den Einfall hat zu sagen: God exists.

How are you, Tony? Da ist ihr Reflex entgleist, da kommt eine fremde dunkle Stimme aus dem Telefon, die sagt: My heart is broken, und dies ist buchstäblich wahr, und da gibt es weder Trost noch Hilfe, mehr ist dazu nicht zu sagen, es dauert, sage ich dann doch noch, während ich ihr in der kleinen Küche zusehe, wie sie Tomaten schneidet, Käse reibt, es dauert im allgemeinen zwei Jahre, ihr fehlen noch sechs Monate, manchmal, sage ich in dem vergeblichen Versuch, möglichst nahe an meiner Erfahrung, möglichst entfernt von Allgemeinplätzen zu bleiben, manchmal kommt der Umschwung schnell, you know, über Nacht, du wachst auf und bist frei, really free, you understand, aber Tony kann mich nicht hören, sie ist noch in der Druckkammer, sie sagt, immer habe sie gedacht, wenn es ihr einmal passiere, werde sie großzügig sein können zu dem Mann, der sie verlasse, doch das könne sie nicht, nein, sie könne es nicht, sie müsse seine Schuldgefühle ausnutzen bis auf den Grund, verstehst du, er hat alles, was er sich wünscht, Geld, eine junge schöne Frau, die überall tätowiert ist, er kann machen, was er will, und ich, sagt Tony, während sie den Salat mischt, ich habe mich immer danach gerichtet, was andere von mir wollten, du weißt vielleicht, daß ich zehn Monate in einem buddhistischen Kloster war, es hat mir wenig geholfen, sagt sie, und dies ist das erste Abendessen, das ich für

Gäste gebe, seit er mich verlassen hat, und nun bin ich nicht einmal sicher, ob das Fleisch gut ist, wie mögt ihr es denn, rough oder well done, ich sage medium, da gibt sie dem Braten noch zehn Minuten, er schmeckt uns allen, erinnere ich mich, und daß es sich gar nicht vermeiden ließ, ich es auch nicht vermeiden wollte, auf die riots zu sprechen zu kommen, ob sie sich wiederholen würden, sicher, sagt Al, nur sei diesmal die Polizei darauf vorbereitet und würde sie im Keime ersticken. Nichts, sagt er, habe sich an den Zuständen in South Central Los Angeles geändert, es gibt zu viele Leute, die nichts zu verlieren haben, you know, und nun beginnen die Weißen schon wieder zu vergessen, daß sie von ihren Vierteln aus die Stadt haben brennen sehen.

Es ist kaum zu glauben und schwer auszuhalten, daß alle diese Leute, die mir auf der Ocean Park Promenade entgegenkommen, unschuldig sind, Menschen ohne Schuld, das gibt es, das japanische Liebespaar, das sich in den verschiedensten Posen zuerst gegenseitig fotografiert, dann mich bittet, sie beide aufzunehmen, wie sie von zwei Seiten versuchen, den Stamm eines mächtigen Eukalyptusbaumes zu umarmen, die Großfamilie von Mexikanern, die sich zwei Bänke zusammengerückt hat und aus recycelbaren Fastfood-Behältern Hamburgers und Hotdogs speist, von der Großmutter bis zum kleinsten braunhäutigen Enkelkind, schuldlos sie alle, die Gruppen Russisch sprechender Emigranten, denen ich von meiner Bank aus, Beobachtungsposten, das Russische von weitem ansehe, schuldlos auch sie, gerade sie, oder die vielen einzeln oder zu zweit joggenden jungen Leute, manche an Pulszähler angeschlossen, oder an Schrittgeber, was weiß ich, manche aus Erschwernisgründen

*auch noch mit Hanteln bewaffnet, unschuldig, unschuldig
und nichts weiter, Do You like me? steht mit großen schwarzen Buchstaben auf ihren weißen durchschwitzten T-Shirts,
und da kann es ja keine andere Antwort geben als Ja*

Band läuft *Du mußt dich selber aus dir herausschneiden*
Ende. Cuttern, cuttern, unbrauchbares Material, ins un-
reine gedacht oder vielmehr gedacht worden, denn auf
dem mehrspurigen Band wird die eine Spur ohne mein
Zutun besprochen, während ja auf einer der anderen Spuren weiter ein Bildtongemisch aufgenommen (aufge-
zeichnet?) wird, Stadtgeräusche, das Tag und Nacht ge-
genwärtige Sirengeheul der Polizeiwagen, die aufjaulen
wie verwundete Tiere, oder das kurze schrille Anschlagen
der Alarmanlage eines der teuren Autos, wenn jemand es
berührt hat, ihm zu nahe getreten ist, oder die Feuerwehr,
in ihrer ganzen unglaublichen Feuerwehrschönheit rast
sie vorbei, direkt auf den Brand und die Kameras zu, die
immer schon da sind und mir abends unfehlbar die Leichen der Verbrannten und die Tränen der Hinterbliebe-
nen ins Zimmer bringen, getreulich wie gut erzogene
Katzen jede einzelne erbeutete Maus, jeden einzelnen
der vielen täglich Ermordeten in dieser großen Stadt auf
meine Schwelle legen, was ich zuerst, erinnere ich mich,
geschehen ließ und wie eine Pflichtübung auf mich
nahm, auch kannte ich niemanden hier, was gingen mich
diese fremden Toten an, bis ich mich auf einmal damit
überraschte, daß ich mitten in einem Verzweiflungsaus-
bruch einer Mutter, deren Sohn durch die jüngsten, allerdings ganz ungewöhnlichen Wolkenbrüche von einem
sonst harmlosen Bach weggeschwemmt worden war, die
rosa Aus-Taste drückte *Das ertrage ich nicht mehr* und

diese kleine Bewegung mir mehr als alles andere zeigte, daß ich angekommen war, und die Hoffnung, mich draußen zu halten, wieder einmal getrogen hatte

während auf der dritten der anscheinend unzähligen Hirnspuren eine Figur allmählich hervortrat, die einen Namen hatte, ehe ich sie kannte, MEDEA, sie kommt, ich erlebe noch einmal das Wunder einer Erscheinung, *unverdient das alles,* Medea, die ihre Kinder nicht ermordet hat, die Unschuldige, dachte ich freudig und triumphierend, da kannte ich sie noch nicht oder hoffte vielmehr insgeheim, sie benutzen zu können, als Zeugin, Entlastungszeugin, es hätte mich stutzig machen sollen, daß sie sich mir entzog, daß Bücher über Bücher meinen Tisch bedeckten, sich in den Regalen ausbreiteten, daß ich mir nicht zu schade war, Stunden am Kopierer zu stehen und Seiten über Seiten zu kopieren, die ich hin und her trug in jener buntgewebten Tasche aus dem indischen Laden in der Third Street, und daß ich mich zur Expertin entwickelte für die Genealogien vorgeschichtlicher Königshäuser, in denen Medea unterging, während das Computersystem ORION mir auf immer neue Stichwörter, die mir einfielen, ARGONAUTEN KOLCHIS GOLDENES VLIES, immer neue Titel und Namen aufrollte, ausdruckte, auf Querverweise verfiel, auf die ein Mensch nie käme, CIRCE CHEIRON ALTKORINTH, immer wieder sagte ORION Ich weiß was und überschüttete mich mit seinem Wissen und entwickelte alle Eigenschaften eines Tyrannen, auch über die GROSSE MUTTER war er ja orientiert, über MENSCHEN- und TIEROPFER aller Art, über MYSTERIEN und RITUALE, aber erst als er anfing, mahnend im Traum zu mir zu sprechen, legte ich die Titelliste beiseite, die er mir aufgedrängt hatte, und fing, auf einmal sehr schüchtern, an, mit ihr selbst zu sprechen, Medea. Ich sehe, es handelt sich um keine zugängliche Person, ich ahnte, daß sie ein Zeugnis von mir verlangte, das ich nicht erbringen konnte, noch nicht erbringen konnte und auch nicht wollte. Oder ich ahnte es doch wohl nicht, denn ich freute mich unverhohlen an formalen Erfindungen, die ich erst jetzt als Tricks durchschaue und die sich nun schon über drei verschiedenfarbige Schreibblöcke haben ausbreiten dürfen, so daß ich jetzt nicht einmal weiß, ob sie noch auf mich wartet, Medea, ob sie Geduld mit mir haben wird oder sich einfach wieder auflöst, ins Nichts zurückgeht und in die Stücke der verschiedenen Dichter, die sie, angefangen beim großen Euripides, der diese Erfindung verantwortet, als Kindsmörderin teils verurteilen, teils bewundern, teils zu verstehen suchen, während ich doch gleich, wenigstens das könnte sie mir zugute halten, gewußt habe, die hat ihre Kinder nicht umgebracht, und hochbefriedigt in den frühen Überlieferungen fand, ich hatte richtig gedacht, nicht sie, die Korinther brachten natürlich ihre Kinder um, weil sie diese Hexe und Zauberin nicht mehr ertrugen. Aber, merkwürdiger Gedanke, sie hat es nicht mehr erlebt, daß sie als Mörderin ihrer Kinder in die Literatur einging, so hat sie wenigstens in dieser Hinsicht eigentlich Glück gehabt.

Doktor Kim, zu dem man auf Strümpfen geht und bei dem man in Bambussesseln sitzt, fragt andere Fragen als andere Ärzte, zwar interessiert ihn der Körperschmerz, der mich zu ihm führt, durchaus und gründlich, doch hebt er plötzlich seinen schmalen asiatischen Kopf von dem Blatt, das ich für ihn ausfüllen mußte. You are a writer. What are you doing to become a good writer. Da bin ich auf einmal wieder in einer Prüfung und will gut sein wie immer und greife ganz unwillkürlich zu dem Mittel, das ich beherrsche, mich einzufühlen in das, was dieser Lehrer hören will, und sage also, fast ohne zu zögern, ich würde versuchen, mich selbst so genau wie möglich kennenzulernen und das so gut wie möglich auszudrücken, und Doktor Kim scheint's zufrieden, ich solle regelmäßig meditieren, rät er mir noch, dann würde ich mich gut kennenlernen und der beste Schriftsteller der Welt werden können, und ich konnte diesmal ehrlichen Herzens sagen, dies sei nicht mein Ziel, was ihn zu erstaunen schien

aber es ist nicht mein Ziel, bekräftigte ich mir, als ich wieder im Bus saß, dem Blue Bus Line 2 of Santa Monica, der den ganzen endlos langen Wilshire Boulevard unter seine Räder nimmt und in dem die ärmeren Leute sich sammeln, die nicht mit eigenen Autos fahren, eine schwarze Mutter mit ihrem schleifchengeschmückten schwarzen Kind, eine Ruine von Mann, der an der Flasche hängt und laut vor sich hin spricht, den Kopf schüttelnd über das Unglück dieser Welt, eine Gruppe von weißen, schwarzen und braunen Schülern, so albern wie Schüler überall, eine Frau, die so dick ist, daß sie die beiden Plätze einer Sitzbank voll ausfüllt, und an jeder Station fällt mir auf, wie viele Leute schlecht laufen und nur mit Mühe ein- oder aussteigen können, wie viele von ihnen Stöcke oder Krücken vor sich herschieben, wie viele einen verbundenen Arm oder ein verbundenes Auge haben, und als der Bus Fourth Street hält, gebe ich mir Mühe, nicht zu hinken und auszusteigen, als brauchte ich den Haltegriff eigentlich nicht, obwohl der Erfolg, den

Doktor Kim anscheinend schon von den ersten fünf Nadeln erwartet hat, sich nicht einstellen will, eher im Gegenteil, doch man hört ja davon, daß eine Akupunkturbehandlung das Symptom zunächst verschlimmern kann, daher beschließe ich am nächsten Morgen, mir doch jene eine Tablette zu leisten, von der Doktor Kim nichts wissen darf, da er mir schon den Kaffee- und Weingenuß untersagt hat – no coffee! no wine! –, und die womöglich, was weiß denn ich von den Stoffen, die jene Energieströme fördern oder behindern, auf die Doktor Kim setzt, all seine Bemühungen zunichte machen kann.

Ich laufe ein paar Blocks den Wilshire Boulevard hinunter bis zu dem polnischen Laden auf der linken Seite, in dem eine junge schüchterne Polin verkauft, die überraschend reizvoll wird, wenn sie lächelt, und die es nicht fertigbringt, jeden Kunden mit dem obligatorischen Can I help you? zu überfallen, unbeobachtet läßt sie mich an den Regalen herumstreichen, ich habe kaum Geld bei mir und nehme Doktor Kim zuliebe zwei Flaschen alkoholfreies Bier, aber die beiden Russen, ältere, etwas aus dem Leim gegangene Männer mit unverkennbar russischen Mützen auf ihren Köpfen, haben die Verkäuferin inzwischen in eine Diskussion um die verschiedenen Würste verwickelt, die hinter ihr an der Kachelwand hängen, in einer Mischung zwischen Russisch und Polnisch verständigen sie sich darüber, welche für das Gericht am geeignetsten ist, das in der Familie der Russen heute abend auf den Tisch kommen soll, ich verstehe den Namen nicht, aber die Verkäuferin kennt es, das gibt es in Polen auch, und sie würde dafür die runde, angeräucherte Wurst nehmen, zwei Ringe, mindestens, für acht Personen. Die Russen nehmen drei und verabschieden sich familiär von der jungen Frau, die ihnen nachlächelt, und ich kann meine Rührung kaum verbergen und habe auf einmal Heimweh nach Moskau, ein schwacher Abglanz des Heimwehs dieser Männer, nach einem Moskau, das es nicht mehr gibt, in dem beinahe alle Telefonnummern, eine nach der anderen, für mich erloschen sind und an das ich mich nur noch mit Freunden erinnern kann, die ich einst dort kennenlernte und die ich jetzt in westlichen Städten treffe

Ich erinnere mich der düsteren Moskauer Woche im Oktober 89, des einzigen Lichtblicks, als ich am ersten Abend vom Hotel aus Berlin anrief und du mir sagtest IN LEIPZIG WAREN HUNDERTTAUSEND AUF DER STRASSE, UND NICHTS IST PASSIERT und als ich auf einmal wieder wußte, was Glück ist, es war ja Montag, der Montag der Leipziger Lichterdemonstrationen, ich weiß noch, wie fest ich in dieser Nacht geschlafen habe, ich erinnere mich an die nassen schadhaften Bürgersteige, an die gähnend leeren Geschäfte, an die Verlegenheit der Freunde, wenn ich sie fragte, wie sie sich um Gottes willen ernährten, wenn sie mich zu Tisch baten, auf dem sie früher, als die Schaufenster auch schon leer waren, doch noch aufboten, was ich mir unter einer russischen Mahlzeit vorstellen konnte – aus jenen früheren üppigen Zeiten, als man in großem Kreis stundenlang aß und trank –, und auf den sie jetzt mit großer Würde bescheidene fleischlose Gerichte brachten, die zu beschaffen sie Tage gebraucht haben mußten, doch darüber sprachen sie nicht, ich erinnere mich der Übersetzerin und Essayistin, die ich in ihrer Wohnung besuchte, in der sie sich wie in einer Festung verbarrikadiert hatte, weil sie Jüdin war und weil wieder einmal in Moskau ein Datum für ein bevorstehendes Judenpogrom umlief und weil in ihrem Haus ein übler Mensch wohnte, der sie schon einmal mit wüsten Beschimpfungen aus dem Fahrstuhl gescheucht hatte, und weil ihr Mann eine Wochenzeitschrift leitete, die unter den Rechten als zu progressiv galt, ich weiß noch, wir aßen Schinken und Brot, ich konnte nicht essen, das Zimmer war mit Wandteppichen ausgelegt, es mußte ein anheimelndes Zimmer sein, wenn es nicht durch die Angst seiner Bewohnerin in eine finstere Höhle verwandelt worden wäre, ich trank ein Glas Wasser nach dem anderen, meine Gastgeberin hielt sich an ihrer Berufsehre fest und mußte mit mir unbedingt einen Artikel besprechen, den sie über eines meiner Bücher geschrieben hatte, ich kannte den Stolz der Moskauer, wenn es ihnen wieder einmal gelungen war, eine Übersetzung, einen Aufsatz durchzusetzen, dieser Stolz wirkte nach auch in diese Zeit hinein, in der die Literatur und die Zeitungen noch unter Papiermangel, nicht aber unter der Zensur zu leiden hatten, ich hörte sie an und kam von dem Gedanken nicht los, daß ich diese Höhle verlassen konnte, sie nicht, ich sah die erschöpften Gesichter in den Redaktionen, in denen sie wußten, die Umwälzung dieses ganzen Landes lag auf ihren Schultern, sie schliefen nicht, jetzt nicht, sagten sie, noch eine Weile müssen wir ohne Schlaf auskommen, sie hatten die Phase noch nicht hinter sich, die uns bevorstand, in der sie Massen von Artikeln in Zeitschriften und Zeitungen verschlangen und Stunden vor dem Fernseher saßen, es war mir die größte Auszeichnung, an die ich mich erinnern konnte, als Baklanow mir

einen Rosenstrauß schenkte, dann saß ich mit unserer
ältesten Freundin, Lidia, zusammen, sie hatte uns auf vielen Reisen begleitet, sie kannte unsere Kinder und unsere
Familiensprache, wenn ich mir ein hartes Leben vor-
stellte, hatte ich immer an das ihre gedacht, jetzt war sie
unglücklich über die Woge von Wahrheiten, die über sie
hereinbrach und sie unter sich begrub, sogar die Stau-
dämme sollen falsch gewesen sein, sagte sie, aber unser
ganzes Leben kann doch nicht falsch gewesen sein, ich
begann zu ahnen, daß ein von der Wahrheit Überforder-
ter Trost brauchen kann, ich hatte keinen für Lidia, sie ist
inzwischen gestorben, wieder eine Telefonnummer gelöscht

Unser ganzes Leben kann doch nicht falsch gewesen sein
es gibt kein richtiges Leben im falschen aber wo gibt es ein
richtiges in dem man richtig leben könnte

geistesabwesend
saß ich an jenem Tisch, an dem eine besonders sorgfältig
zubereitete Mahlzeit serviert wurde, mir wurde klar, daß
ich, eine Deutsche, unter jüdischen Emigranten verschie-
dener Nationen saß, die sich mir zuliebe auf deutsch
unterhielten, *unverdient unverdient das alles*, mir wurde
klar, daß ich in der Stadt der Emigranten lebte, die Leute,
von denen am Tisch gesprochen wurde, waren auch emi-
griert, man machte sich ein bißchen über sie und über
sich selber lustig, auch über die Amerikaner, in lässiger
Manier, ich fragte plötzlich, ob eigentlich Brecht, vergra-
ben in seine Arbeit, alle Antennen nach Deutschland aus-
gerichtet, vertieft in Diskussionen mit anderen Emigranten, mit Schauspielern, diese Stadt, Los Angeles, über-

haupt zur Kenntnis genommen habe, da brauchte Henrik nur an sein Bücherregal zu gehen, einen Band herauszuziehen, eine Seite aufzuschlagen, DIE LANDSCHAFT DES EXILS, ein Gedicht, das mir immer entgangen war,

Die Öltürme und dürstenden Gärten von Los Angeles
Und die abendlichen Schluchten Kaliforniens und die
Obstmärkte
Ließen auch den Boten des Unglücks
Nicht kalt

Nun immerhin, dachte ich. Nicht kalt.

Natürlich würde ich es lernen müssen, die Tränen zu unterdrücken, wenn einer der homeless-people, nachdem ich ihm einen Dollar gegeben hatte, in seinem leiernden Singsang mit demütiger Stimme Have a nice day hinter mir hersagte oder sogar God bless you, es nützte ihnen nichts, wenn ich mich neben diese Frau auf eine Bank in der Third Street setzen würde, wo sie immer saß, einen Einkaufswagen von Pavillion's neben sich, in dem sie ein paar Kleidungsstücke, leere Flaschen, mehrere Plastikbeutel und eine Wolldecke mitführte, wenn ich mich neben sie setzen und in Tränen ausbrechen würde. Sie gehört zu denen, die kein Geld wollen, sie schüttelt den Kopf und verweist auf die Flaschen, die sie aus den Abfallkübeln sammelt und von deren Pfand sie lebt, und wenn ich mittags den Ocean Park hinuntergehe, liegen sie einzeln oder in Gruppen, manche auf Wattedecken, aus denen die Füllung herausquillt, in tiefem, bewußtlosem Schlaf in der Sonne, und wir gehen an ihnen vorbei und versuchen, sie nicht zu sehen, wir versuchen, jenem Mann auszuweichen, der immer in laute Selbstgespräche verwickelt ist und manchmal plötzlich aggressiv wird, unter Reagan, höre ich, seien unter dem Vorwand fortschrittlicher Psychiatrie die psychiatrischen Anstalten, um Geld zu sparen, auf die Straße geleert worden

in der Psychiatrie bin ich ja übrigens einmal sogar gewesen, es lief alles immer über meinen Körper, denke ich, eine Depression läuft auch über den Körper, nicht wahr, sie verändert die Stellung der Gliedmaßen zueinander, zum Beispiel, sie vergrößert auf unheimliche Weise die Schwerkraft, so daß die Erde einen anzieht, in mehrfachem Sinn, sie trocknet die Augenhöhlen aus, hohläugig läuft man herum, lief ich herum, zum erstenmal mit diesem Tonband im Kopf, zum erstenmal? frage ich mich, darüber wäre nachzudenken, der Arzt wollte die Verantwortung nicht weiter übernehmen, einen verwundeten Soldaten schicke man doch auch nicht wieder in die Schlacht, es waren keine Gitter, nur Eisenstäbe vor dem Fenster, erinnere ich mich, aber aus dem Fenster springen wäre mein Tod nie gewesen, oder vor den Zug werfen, ich fürchtete mich vor Gewalttaten gegen meinen Körper, immer hatte ich mich, gegen Kriegsende und danach, vor Vergewaltigung gefürchtet, das Zerrissenwerden, Zerstückeln, das Aufbrechen von Menschenfleisch, das Wühlen in Eingeweiden, nein, sie hätten die Stäbe vor dem Fenster meines winzigen Zimmers wegnehmen können, natürlich konnte ich niemanden fragen, wieviel Tabletten man braucht, um zu sterben, und welche Sorte, erst viel später hat ein Arzt es mir, aus Eitelkeit, wie ich glaube, gesagt. Dieser berühmte Professor, der eine Reihe von Büchern geschrieben hatte und nach dem eine ganze Behandlungsmethode benannt war, kam jeden Tag zur Visite und stellte die falschen Fragen, weil er überzeugt davon war, daß man falsche Angewohnheiten einfach gegen richtige auswechseln kann, auch gewaltsam, und da ich, das nun wirklich zum erstenmal, eine Zeitungsphobie hatte, ließ er mir Zeitungen auf mein Zimmer bringen, die ich sofort unter ein dickes Tuch schob und niemals berührte, geschweige denn ansah, erst neulich sind mir durch Zufall einige Zeitungen aus jener Zeit – *Elftes Plenum*, ein Signal für Eingeweihte – unter die Hände gekommen, der Schweiß brach mir nicht mehr aus, Seiten über Seiten von Geifer, aus Mündern auch, die das heute nicht mehr werden wahrhaben wollen, und, wie sich herausstellte, meine Rede auf jener Versammlung und die, auf die sie sich bezog, um die entscheidenden Sätze gekürzt, und zwar nicht nur in den Zeitungen, auch in den internen Protokollen, die mir ja, da ich zu ihren legitimen Empfängern gehörte / Verteilerschlüssel / durch Boten zugestellt wurden. Sieh dir das an, sie korrigieren die Realität. Was hast du denn gedacht, sagtest du. So werde ich niemals beweisen können, daß jener Mensch »Petöfi-Club« gesagt hat, also Konterrevolution, auf die Schriftsteller gemünzt, und daß meine ersten Sätze sich dagegen richteten. Nun kann ich es doch beweisen, die ursprüngliche Mitschrift hat sich in irgendwelchen Aktenbergen gefunden. Sie interessiert mich nicht mehr

Bredel aber ist einmal, als wir bei einem sowjetischen Schriftstellerkongreß gemeinsam in Moskau waren, einen Nachmittag lang mit mir durch die Innenstadt gegangen und hat mir sein Moskau der Emigrationszeit gezeigt: Hier war das Hotel Lux, in dem wir fast alle wohnten.

Hier ist die Lubljanka, das Gefängnis des KGB. Man habe sie, die Emigranten, sagte er mir, die »Eta-Deutschen« genannt, weil sie kein Russisch konnten und beim Einkaufen immer auf die entsprechende Ware zeigten: Eta, i eta, i eta … Auf dem VI. Parteitag, erinnere ich mich, bei dem ich zu Gast war und am Ende zur Kandidatin des Zentralkomitees gewählt wurde, ist Bredel als Akademiepräsident heftig wegen liberalistischer Tendenzen der Zeitschrift SINN UND FORM angegriffen worden, von jenem selben Fröhlich, dem Leipziger Bezirkssekretär, der dann auch auf dem berüchtigten 11. Plenum im Dezember 1965 eine üble Rolle spielte, und selbst in der Pause noch hatte Fröhlich Bredel attackiert: Von ihm, der in sowjetischer Emigration gewesen sei, habe er ein parteilicheres Verhalten erwartet; worauf Bredel, ein Mann mit Hamburger Schlagfertigkeit, ihm schneidend erwiderte: Ich kann mich allerdings auch nicht rühmen, auf einem Nazi-Panzer nach Moskau gekommen zu sein. Was, wie man wußte, auf Fröhlich zutraf. Bredel, denke ich mir, hätte die Umbenennung seiner Straße mit Humor aufgenommen, zu Lebzeiten ist ihm Schlimmeres widerfahren, er war es ja, der den ersten literarischen Bericht aus einem deutschen Konzentrationslager schrieb, er war es auch, der mir in Moskau erzählte, wie sie während der Stalinschen Säuberungen, die ja auch deutsche Kommunisten betrafen, einander abends anriefen, um zu hören, ob der andere sich noch meldete, und dann schweigend den Hörer wieder auflegten. Wann eigentlich, frage ich mich heute, begriff ich, daß alle diese Leitbilder meiner frühen Jahre, die Bredel, Seghers, Fürnberg, Becher, Weiskopf, Kuba und all ihre weniger bekannten Gefährten, einer tragischen Generation angehörten, die erbarmungslos

zwischen den Fronten zerrieben wurde und die auf Nachsicht der Nachgeborenen allerdings nicht rechnen kann –
jene Nachsicht, die Brecht für die erbat, die den Boden bereiten wollten für Freundlichkeit und selber nicht
freundlich sein konnten. Und wann ist mir klargeworden,
daß auch wir noch, meine Generation, die wir anfangs in
stolzer Unerfahrenheit so sicher waren, jene freundliche
Menschengemeinschaft noch zu erleben, für die wir uns
ja einsetzen wollten, daß auch wir noch unter das Verdikt
fallen würden; daß auch wir bestimmt waren, in den
Untergang jenes Experiments mit hineingerissen zu werden, an dessen Verwirklichung wir schon lange nicht
mehr glaubten.

Jetzt sind wir dran was jetzt geschieht geschieht uns

In der Third Street Samstag
abends, um Realität zu tanken bei den Sängern und Gei-
genspielern und Gauklern, bei den Tänzern und Zauber-
künstlern, deren Hüte und Mützen vor ihnen auf dem
Pflaster liegen, die Dollars sitzen den Vorübergehenden,
Zuschauenden locker, ich sehe mich fest an jenem langen,
dünnen schwarzen Mann, der, angezogen wie Uncle Sam,
einen mit einer amerikanischen Flagge bezogenen Zylin-
der auf dem Kopf, auf einem niedrigen Podest, das er in
eine Schaufenstereecke gerückt hat, eine Art Breakdance
in Zeitlupe aufführt, oder richtiger, einen sich in winzigen Rucken bewegenden Maschinenmenschen darstellt,
so täuschend echt, daß ich unwillkürlich auf das Knarren
der Scharniere lausche, das eigentlich zu hören sein
müßte, gebannt zusehe, wie er ruckhaft die Arme winkelt,
ausstreckt, den Oberkörper beugt, aufrichtet, was alles
Minuten dauert und eine vollkommene Körperbeherr-

schung voraussetzt, endlich machen wir uns los, kehren nach einiger Zeit zurück, ich werfe ihm den Dollar in den Hut, der ihm zusteht, wende mich zum Gehen. Jetzt winkt er Ihnen, sagt mein Begleiter, tatsächlich, ruckhaft bewegt er winkend den rechten Zeigefinger, ein maskenhaftes Lächeln erscheint auf seinem Gesicht, ich trete näher, er gibt mir, im Zeitlupentempo, die Hand, beugt sich vor, umarmt mich, ich ahme ihn nach, lache, gehe. Jetzt kommt er, ruft mein Begleiter, da hat der dünne schwarze Mann sein Podest verlassen, folgt mir mit den gelösten Bewegungen vieler Afroamerikaner, strahlt, schüttelt mir nochmals die Hand, jetzt erst richtig, locker, locker, wieder umarmen wir uns, als sei die Umarmung der Maschinenmenschen nicht gültig gewesen, jetzt läßt er mich gehen, winkt mir nach, und mir sitzt ein Schreck in den Gliedern von der Verwandlung der Kunstfigur in den Menschen, als sei eben das das Unnatürliche gewesen, als seien eben dabei eine Halterung zersprungen, eine Feder gebrochen, die ihn vorher festgemacht hatten

Falsch leiden
sollte es das auch geben oder ist leiden immer echt immer
gültig worum auch immer man leidet oder gelitten hat und
warum erscheint mir das plausibel während ich bereit bin
der Begeisterung sogar der Freude viel mißtrauischer gegen-
überzutreten was selbstverständlich ist bei meiner Erfahrung
mit Begeisterung

Valentina, die Italienerin, die in einer Art von Entzücken auf mich zugekommen ist, das mich entwaffnet hat, sagt, sie empfinde es fast als Sünde, daß sie soviel Schönes sehen dürfe, sie stößt kleine Schreie aus vor jeder neuen

Pflanze, die sie findet. »C'est génial«, kann sie sagen. Was denn, Valentina? »La vita«, sagt sie. »La vie. Life. Das Leben.« Zum Abschied gehen wir in ein Thai-Restaurant und essen eine säuerliche Seafood-Suppe, die sie begeistert, reden über unsere Bemühungen, von den Meinungen anderer unabhängig zu werden, und auf einmal fragt sie mich, was ich über den Tod denke. Was sie denn meine, frage ich zurück, und sie will wissen, ob ich glaube, daß der Tod das Ende sei, und ich sage, ja, das glaube ich, und es bekümmere mich nicht, da macht sie ihr geheimnisvolles Gesicht, will aber ausdrücklich gefragt sein, um sagen zu können, daß zwar der Körper zerfalle und in den natürlichen Kreislauf der Materie zurückgenommen werde, daß aber der Geist, die Energie unzerstörbar seien und auf diese oder jene Weise, in irgendeiner Form erhalten blieben. Wogegen wohl nichts einzuwenden ist.

Ob ich eigentlich, frage ich Valentina beim Abschied, auf sie sehr als Deutsche wirke, und leider sagt sie ja, und sie umschreibt ihren Eindruck; streng und zielstrebig habe ich also auf sie gewirkt, und dies seien nun mal typisch deutsche Eigenschaften, und ich habe sie ja gefragt, weil ich mir meines Deutschseins, je länger ich hier bin, um so stärker bewußt werde, nicht zu meiner Freude

obwohl doch die Zeit, da ich viel darum gegeben hätte, nicht Deutsche sein zu müssen, so lange schon vorbei ist; ein westdeutscher Freund, dem ich davon spreche, sagt: Aber das hatten wir doch alle, so wäre es also eine Gemeinsamkeit der Ost- und Westdeutschen meiner Generation, daß wir alle in den Jahren nach dem Krieg keine Deutschen sein wollten, wir aber, wir Ostdeutschen, waren es, die zu den östlichen Völkern gehen mußten, zu denen, die am meisten unter uns gelitten hatten, und ich habe mir ja nie verhehlt, warum ich so selten in Polen war, und ich habe nie vergessen, wie bei einem der großen Gelage, das uns zu Ehren in einem sowjetischen Kolchos gegeben wurde, wo an der Tafel immer mal wieder die Rede war von dem Sohn, der als Partisan von den Deutschen erschossen, dem Bruder, der gefallen, der Familie, die ausgerottet worden war – wie da der Leiter unserer Delegation, ein alter Kommunist, der zwölf Jahre im Zuchthaus gesessen hatte, jetzt hoher Funktionär und Schriftsteller, als er auf die Trinksprüche der Russen erwidern wollte, einen Weinkrampf bekam

und es war diese Szene, die mir später im Wege stand, als es darum ging, ihm grundsätzlich und scharf zu widersprechen, und diese und ähnliche Szenen waren es, die es mir am Anfang schwermachten, seine kompromißlose Feindschaft zu ertragen, die ich mir durch den Widerspruch zuzog, sehr hätte ich es mir gewünscht, unsere gegensätzlichen Standpunkte darüber, was »uns« nützte, hätten uns nicht auf die verschiedenen Seiten eines Grabens gebracht, der immer tiefer wurde, und lange Zeit konnte es mir nicht gleichgültig sein, daß er der Meinung war, die er auch verbreitete und natürlich mir ins Gesicht sagte, nun habe meine kleinbürgerliche Herkunft mich eingeholt, die Humanitätsduselei sei bei mir an die Stelle des Klassenstandpunkts getreten, er habe sich bitter in mir getäuscht und ich solle von ihm keine Nachsicht erwarten

und ich dachte an seine Zuchthausjahre und an meine Zeit in der Hitlerjugend, und ich brauchte eine starke bewußte Anstrengung, um ihm sagen zu können, daß seine Vergangenheit ihn nicht davor bewahrte, heute unrecht zu haben, und meine mich nicht davon ausschloß, heute recht haben zu können, da stand ich in seinem riesigen Dienstzimmer ihm gegenüber, zu dem ich durch riesige leere Flure und eine Menge von Vorzimmern gelangt war, und es ging um mein Buch, an dem mir lag und das er für schädlich hielt, und er schrie mich an, und ich schrie zurück, und dann beruhigten wir uns beide, und sein Ton wurde kalt und mein Ton wurde verzweifelt, wir verabschiedeten uns unversöhnt, und auf dem langen Weg von seinem riesigen Schreibtisch zur Tür kippte ich um, zum erstenmal in meinem Leben, und hatte dann, als ich wieder zu mir kam, über mir sein sehr erschrockenes, sehr besorgtes Gesicht

Sonntag vormittag, Fernsehen, mit fast ersterbender Stimme liest ein Prediger in phantasievollem Habit dem General Schwarzkopf, der neben ihm steht, den Brief vor, den er, Schwarzkopf, vor dem Golfkrieg an seine Familie geschrieben hat, beide Männer haben Tränen in den Augen, der Prediger fragt den General: Was hat sich seit einem Jahr geändert in unserem Land? Der General sagt, immer noch schrieben ihm viele Leute und lobten ihn für das, was er für das Land getan habe. Wir waren vielleicht *zu* erfolgreich, der Kommunismus ist zusammengebrochen, im Golfkrieg habe Bush, »the magnificent leader«, die richtigen Entscheidungen getroffen, er, Schwarzkopf, arbeite jetzt für Bush. Eine riesige Halle, Musik, Pauken und Trompeten, alle erheben sich, klatschen. Eine einzige Wahlparty für Bush. Der Prediger betet: God, give us men. We need leaders. Strong minds, great hearts, true faces, who will not lie. Er fordert seine große Gemeinde auf, sorgfältig zu beten, bevor sie nächste Woche ihre Stimme abgeben

ich lese in einer deutschen Zeitung, ein westdeutscher Intellektueller schreibt, die Intellektuellen, die in der DDR gelebt hätten, könnten doch unmöglich behaupten, daß sie ihrem Leben dort einen Sinn hätten geben können, am gleichen Tag sagt mir eine amerikanische Germanistin, die gerade jetzt über die Literatur der DDR schreibt, sie lese noch einmal alle die Bücher, euer Leben war so reich, sagt sie, viel reicher als unseres hier, das war es wohl, was uns so anzog *Und wenn es doch Menschen gäbe die bereit wären diese meine Wunde als ihre eigene zu empfinden und nicht hineinzuschlagen wundergläubig noch immer*

Jetzt werden die drei Racoons, die abends vor dem MS. VICTORIA herumsitzen oder in den Büschen nach Freßbarem suchen – angeblich seien die Mülltonnen nebenan ergiebig für sie –, jetzt werden sie dreist, als ich abends komme, hocken sie im Dunkeln vor dem Rondell mit dem Pomeranzenbaum und starren mich an, hi, sage ich freundlich, was sie nicht beeindruckt, na nun laßt mich mal durch, sage ich, aber Deutsch verstehen sie ja nicht, da gehe ich Schritt für Schritt auf die Waschbären zu, auf ihre Maskengesichter mit den immer aufgerissenen Augen, sie hocken unbeweglich, Don't worry, sage ich mehr zu mir als zu ihnen, denn sie sind ja ganz offensichtlich überhaupt nicht beunruhigt, also soll ich mich jetzt einfach an ihnen vorbeidrücken, oder was, da wird die Tür zum MS. VICTORIA aufgerissen, Licht fällt heraus, der große Gast mit dem Indianergesicht steht draußen, er klatscht in die Hände und schreit laut und aggressiv, die Racoons huschen ins Gebüsch, come in, ruft der Mann mir zu, hurry up, please, they are dangerous, ich laufe ins Haus, als ich mich umdrehe, blicke ich in drei beharrlich aufgerissene Augenpaare, they are crazy, sagt der Mann, they behave unnormally

Heute sah ich, und es gab mir einen Stich, Lew Kopelews Buch To Be Preserved For Ever im Schaufenster einer Buchhandlung liegen, und im gleichen Fenster Madonnas Sex-Buch, das in Aluminium-Folie eingeschweißt ist und in dem man, wie ich höre, in manchen Buchhandlungen gegen Entrichtung eines Dollars blättern darf

Kopelew, der mich neulich am Telefon daran erinnerte, daß wir uns bei Anna Seghers kennenlernten, die an diesem Abend mit ihm stritt, weil er, Lew, Ilja Ehrenburgs Flugblattexte gegen die Deutschen kritisierte, was Anna Seghers sich verbat: Ehrenburg sei ihr Freund, er habe sie in Paris gerettet, sie lasse nichts auf ihn kommen, aber Lew war ja gerade wegen seines »unangemessenen Humanismus« gegen die Deutschen im Lager gewesen, wo seine Habseligkeiten mit dem Stempel versehen wurden: »Aufbewahren für alle Zeiten«; er erinnerte mich daran, daß wir an jenem Abend auf der Suche nach dem Haus des Bekannten, bei dem er übernachten sollte, lange durch die Nacht und durch Vororte gefahren seien, und ich hätte ihm gesagt, mir breche eine Welt zusammen, das sei im Oktober 69 gewesen, ich erinnere mich nicht. Ich erinnere mich, wie wir ihn in Moskau besuchten, in der von Dissidenten und wahrscheinlich auch von Spitzeln überlaufenen Wohnung, wie er dem Telefon, das wie ein Hundchen auf der Erde hockte, einen Fußtritt gab: Du kleiner Verräter, du!, wie er uns erzählte, daß neulich eine Nachbarin ganz aufgeregt bei ihm geklingelt habe, weil aus einem der unweit von ihrer Haustür geparkten Autos laut seine Stimme gedrungen sei, von einem Tonband. Wie er uns durch die Stadt führte, an jenem Vormittag, als in der Zeitschrift »Ogonjok« die neuen Verleumdungen gegen Lilja Brik und andere jüdische Freunde Majakowskis zu lesen waren. Das kann schlimm werden, sagte er, ein neuer Antisemitismus; wie wir abends in der Wohnung einer seiner Töchter waren, sein Schwiegersohn, der sich an einer Demonstration gegen den Einmarsch der Warschauer-Pakt-Truppen in Prag beteiligt hatte, gerade aus der Haft entlassen war, Freunde kamen, ihn zu begrüßen, und wie sie von Emigration sprachen

Thomas Mann, TAGEBÜCHER 1949-1950 Pacific Palisades Freitag den 18. XI. 49 Alberne und anstößige Ausbreitung eines Lustmordes an einer 6jährigen in den Zeitungen. Russenhetze und Verschmutzung der Phantasie von Jugendlichen, dies das tägliche Werk der freien Presse.

Dienstag den 22. XI. 49 Adenauer, der Kanzler, erklärt einem Franzosen, Deutschland wolle keine Armee. Militaristische Erinnerungen dürfen nicht erweckt werden. Dabei ist schon die ganze westdeutsche Presse, kaum daß die Frage der dismantlings zu Deutschlands Gunsten gelöst, zur Forderung der Aufrüstung gegen Rußland übergegangen. Dieses würde mit der Einführung der allgem. Wehrpflicht in Ost-Deutschland antworten. – Becher und Eisler haben eine neue deutsche National-Hymne hergestellt, gestimmt auf Einheit und Frieden, die kein

Volksfeind stören soll. – Gefühl des Ephemeren, Über-
holten und Unsinnigen. Friedensmilitarismus. Aber was
ist das Rechte, und was hat Zukunft? In »Nation« höchst
positiver Bericht über das kommunistische Regiment
in China. Ein Geschäftsmann: »Fragen Sie mich nicht,
die Antwort würde klingen, als wäre ich ein Roter.« –
Zuweilen der Wunsch, Europa möchte als Ganzes kom-
munistisch organisiert und in Züchten aufgebaut werden.
Es wäre Amerika zu gönnen.

P. P. Donnerstag den 1. XII. 49 Tage des Leidens, der
Verwirrung und Ratlosigkeit. Schrieb Briefe an deutsche
Interpellanten u. diktierte sie gestern der Kahn. Versuchte
eine Antwort an den Herausgeber der Konstanzer »Erzählung« und gab sie auf, weil sie, wie alldergleichen, zu
weit führte, der Hetze neue Nahrung gegeben hätte und
mich ekelte. ... Im »Monat« ... auch hier Klagelied über
meine politischen Äußerungen. Dabei mehren sich war-
nende Nachrichten über Deutschland.

Nun ist ja Schreiben ein Sich-
Heranarbeiten an jene Grenzlinie, die das innerste Geheimnis um sich zieht und die zu verletzen Selbstzerstörung bedeuten würde, und es ist auch der Versuch, die
Grenzlinie nur dem wirklich innersten Geheimnis zuzu-
erkennen, und die diesen Kern umgebenden, teils mit
ihm zusammenhängenden anderen »Geheimnisse«, die
oft nur Peinlichkeiten, schwer einzugestehende Verfehlungen sind, nach und nach von dem Verdikt des Un-
aussprechlichen zu befreien, also nicht Selbstzerstörung,
sondern Selbsterlösung zu betreiben.

ES IST EIN ROS ENT-
SPRUNGEN alle Fahrstühle summen mit, ein Schmelz liegt
auf allen Gesichtern, schon zum zweiten Mal wurde der
reiche bunte und doch geschmackvolle Schmuck der
Riesentanne im Foyer gewechselt, in der Bank, wo die
Damen höflich bedauern, daß man mir nun zwar endlich
meine ATM-card zugeschickt, die mich theoretisch be-
fähigen sollte, an allen Automaten des STAR- und des
CIRCUS-Systems Geld zu ziehen, wenn man es nicht versäumt hätte, mir meine PIN-Nummer mitzuteilen, den
Code, den ich eingeben müßte und ohne den jede Karte
wertlos ist, der aber, versichert man mir, so überaus ge-
heim ist, daß er mir mit getrennter Post schon noch zuge-
hen werde, happy holidays, Madam, der Concierge neben
der Riesentanne winkt mir strahlend mit beiden Händen
zu ALLES SCHLÄFT EINSAM WACHT o thank you, so
marvellous, great, happy holidays, man sagt ja nicht
happy Christmas, um die Angehörigen anderer Religionen nicht zu verletzen, holy days, heilige Tage mögen sie
alle feiern, auch bei uns, fällt mir ein, gilt der Gruß ja den
heidnischen Weihenächten und nicht der Geburt Christi,
nun aber freuen sich alle auf das große alljährliche Fest des
Trustes, erzähle ich dir, als du endlich ankommst, etwas
bleich und von den sechzehn Flugstunden ausgelaugt,
mitten hinein in die blendende kalifornische Sonne und
die Weihnachtshitze, achtzig Grad Fahrenheit, aber das
kann doch nicht gesund sein, und ich ertappe mich bei einem Stolz auf die Santa-Monica-Bucht und die Palmen-
Alleen, als hätte ich das alles selbst erfunden, ja, wir versuchen den Jetlag zu überlisten, wie man es nach neuesten
wissenschaftlichen Erkenntnissen tun soll, indem ich dich
nämlich zwinge, gleich und für Stunden in der Sonne zu

sein, um der verwirrten inneren Uhr klarzumachen, daß
es jetzt nicht nachts um eins und Schlafenszeit ist, wie sie
hartnäckig signalisiert, sondern nachmittags um vier und
hellerlichter Tag, den man im Café Casino unter Sonnen-
schirmen bei einem Cappuccino verbringen kann, die ersten Mitteilungen austauschend, bis wir, erinnerst du
dich, gleichzeitig innehalten, uns ansehen und lachen
müssen, ja träumen wir denn

während wir, erinnerst du
dich, uns bemühten, Spuren aufzunehmen, das Unsicht-
bare im Sichtbaren zu finden, und was könnte sichtbarer
sein als Häuser, Neutra-Häuser, sagt Bob, der alles über
Richard Neutra weiß, der uns zu viert in seinen kleinen
Honda packt, der sofort Witterung aufzunehmen scheint
und wie von selbst das nächste Ziel ansteuert, kreuz
und quer durch die Stadt, auf Freeways, Boulevards und
auf steinigen steilen Straßen, den Canyon hoch, wo das
»grandmother-house« liegt, oben auf der Spitze, ein win-
ziges Haus, gebaut von Richard Neutra als Besuchshaus
für die Mutter der Familie in dem Haus etwas weiter unten, aber sie fühlte sich so wohl darin, daß aus dem Be-
such ein Dauergast wurde, die alte Lady, die jetzt dort
wohnt, erzählt uns davon, zeigt uns den Rundblick, sie
kennt Bob, sie läßt uns hinein, wir scheinen überall Zu-
tritt zu haben, in einem der Häuser, für eine große Schau-
spielerin gebaut, lag eine Frau oben krank, wir durften
trotzdem unten herumgehen, die großen, hellen Räume,
einmal muß jemand angefangen haben, sie so zueinander
anzuordnen, daß sie den Bedürfnissen der Bewohner ent-
gegenkamen, Bedürfnisse, die sie jetzt erst wirklich spür-
ten, einmal mußte jemand ein neues Verhältnis zwischen
Innen- und Außenwelt herstellen, mußte Maße, Formen

einführen, die das Zeug in sich hatten, klassisch, also selbstverständlich zu werden, Bob kann sich nicht vorstellen, daß jemand nicht begeistert sein könnte, er macht uns zu Begeisterten, es scheint uns natürlich, daß Neutra nicht nur eine neue Bauweise, auch eine neue Lebensweise versucht hat

Wir fahren in eine Straße, die am Rande von Coreatown liegt, also am Rand des Viertels, in dem im April bei den riots die meisten Geschäfte angezündet wurden, Bob zeigt uns ein Haus, das Neutra in den dreißiger Jahren als Modell eines Wohnhauses für viele Familien gebaut hat, hier können wir nicht hineingehen, hier wohnen heute arme Leute, zumeist Hispanics, halb zugezogene Vorhänge, Flaschen in den Fenstern, Köpfe, die hervorlugen, Wäsche. In der Nachbarschaft kleinere Häuser, auch arm, arbeitslose Männer mit Strohhüten sitzen in Gruppen vor den Eingängen. Sie beobachten uns. In diesem Klima hier, meint Bob, wirkten selbst Slums nicht so trostlos wie in New York oder Detroit. Ihr drei anderen habt euch von uns und dem Auto entfernt, schlendert um die Ecke, an der Breitseite des Neutra-Hauses entlang. Marco fotografiert. Dann geschieht es. Ein Auto fährt vorbei, ein schwarzer Mann am Steuer, eine schwarze Frau auf dem Beifahrersitz, sie kurbelt, als sie an euch dreien vorbeikommen, ihr Fenster herunter und ruft euch ein Schimpfwort zu, Marco, anstatt zu schweigen, antwortet, da bremst der Fahrer, nun ganz dicht bei unserem Auto, die Frau steigt aus, eine stattliche, vielleicht dreißigjährige Frau, sehr selbstbewußt, offensichtlich arm, sie läßt in großer Lautstärke eine Schimpfkanonade gegen euch los, Bob geht rasch mit mir zum Auto, sagt begütigend: »We're just looking for the architecture«, uns ist wohl beiden bewußt, wie absurd diese Entschuldigung der schwarzen Frau vorkommen muß, ihr kommt näher, die Frau steigt ein, das Auto fährt ab, die Männer mit den Strohhüten vor den Häusern haben sich nicht eingemischt. Sie haben uns für Müßiggänger gehalten, die ihre Armut fotografieren, sagt Bob.

Die Modefarbe für weibliche »officials« scheint Karmesinrot zu sein, es kann passieren, daß Hillary Clinton und Barbara Bush und die Frau von Al Gore und noch etliche Kongreßkandidatinnen vor dem amerikanischen Fernsehpublikum auf ein und derselben Bühne in ebendieser Farbe erscheinen, aber das Rot, mit dem CBS die Staaten markiert, die schon an Clinton gefallen sind, ist heller, eigentlich ist um fünf nachmittags, als ich nach Hause komme, schon alles entschieden, an der Ostküste werden die Wahllokale geschlossen, die Ergebnisse sollen zurückgehalten werden, bis es auch hier, an der Westküste, acht Uhr p. m. ist, aber davon kann natürlich in dieser Mediengesellschaft keine Rede sein, wir sitzen, mehr als fünfzehn Leute, bei Rotwein, Brot, Käse und Chicken und beachten den Fernsehschirm kaum noch, alles brüllt durcheinander, die Amerikaner geben sich Mühe, uns das indirekte Wahlsystem über Wahlmännerstimmen zu erklären, und erst als die Protagonisten sich ihren Anhängern zeigen, finden sie wieder unser Interesse, der Jubel, als Clinton mit Hillary erscheint, mein Vergnügen, als Hillary die Rede für Clinton aus ihrer Kostümtasche hervorholt, Bush soll am Freitag vor der Wahl den entscheidenden Stoß bekommen haben, als herauskam, daß er von den Waffenlieferungen an den Iran nicht nur gewußt, sondern sie auch befürwortet habe, als er diese Frage mit einer Handbewegung vom Tisch wischte und auch noch erklärte, sein Hund verstünde mehr von Außenpolitik als »diese beiden Clowns« – Clinton und Al Gore. Das war wohl zuviel, aber am nächsten Tag höre ich in einer Radiosendung einen christlichen Anrufer die Amerikaner aufrufen, nun keine Steuern mehr zu zahlen, bis dieser Unhold das Weiße Haus wieder verlassen habe, ja, Reagan, als der noch dort saß, da hätten wir alle gewußt, dort war ein Vater. »Maybe he made mistakes. But his energy came over to us: He was our father.« »Robert«, der Moderator, der eigentlich Prediger ist, ist ganz seiner Meinung, da ruft ihn Sharon an, eine Frau, die von ihrem Mann schlecht behandelt wird und der »Robert« den Bescheid gibt, sie müsse zu diesem Mann geduldig und lieb sein und ihm vor allem immer das Gefühl geben, daß er ein Mann sei, und wenn Sharon etwas einwerfen will, schreit »Robert« sie an, *er* rede jetzt, sie solle ihm gefälligst zuhören, und es gelingt ihm, zwischendurch haßerfüllte Bemerkungen gegen Clinton unterzubringen, während er einem späteren Anrufer ausführlich erzählt, daß er selbst ein guter, religiöser Mensch sei, der seit 45 Jahren nichts Böses getan habe, aber selbst er werde gehaßt ... Shut up! schreit er eine Frau nieder, die Einwände vorbringen will, bis sie den Hörer auflegt, ein schwerer Paranoiker, der sich wöchentlich einmal vor der Radioöffentlichkeit austoben darf.

Ich gehe in die Third Street in den neu eröffneten Laden, der sich NIRWANA nennt und aus dem es nach indischen Räucherkerzen riecht, ich sehe mir alles gründlich an, die Kultgegenstände, den Schmuck, die Kerzen, ich kaufe schließlich einen Ring mit einem schwarzen Stein, der »Trauer, Depression« bedeutet, aber auch dagegen helfen soll, *doch wie komme ich auf Depression?,* ich kaufe ein Spiel Tarot-Karten, dazu ein Buch mit Gebrauchsanleitung, vor Jahren habe ich es schon einmal betrieben, das Spiel mit dem Tarot, habe es dann aufgegeben, als ich spürte, daß ich damit Macht über andere bekommen konnte, jetzt ist mir auf einmal gewiß, daß ich die Karten brauche, als ich sie am Abend nach der keltischen Methode befrage, decke ich fast nur Schwerter auf, Kampf, Unruhe, ein Weg übers Wasser in ruhigere Gegenden, ganz am Ende Rückzug aus der äußeren Welt, um die emotionalen und physischen Kräfte zu verjüngen. Erneuerung von Gedanken und Leben in einer friedvollen Umgebung.

Thomas Mann, TAGEBÜCHER 1949-50 P. P. Sonnabend den 15. X. 49 Brief an einen Deutschen, der mir Liebeserklärung an Serenus Zeitblom schickte. Die Anmerkung dazu bringt den Text des Briefes: Die Wahrnehmung tut mir doch wohl, daß es in Deutschland auch Leute gibt, die an dem Werk meines Alters, und an meinem Werk überhaupt, etwas zu lieben – und nicht nur zu mäkeln – finden. Im Grunde ist es dumm von den Deutschen, daß sie immer das Beste, was sie gerade haben, und was sie vor der Welt anständig vertritt, herunterzerren und schimpfieren müssen. Das tut kein anderes Volk.

Mit Besorgnis sehe ich, daß von der Demonstration der 350000 in Berlin gegen Ausländerhaß hier nur die kleine Gruppe der Randalierer im Fernsehen erscheint, in der Los Angeles Times ist am Montag auf der Titelseite nur das Foto des mit Eiern bekleckerten Präsidenten zu sehen. Daß die recht hatten, die den Regierungsmitgliedern »Heuchler!« entgegenriefen, ist klar, daß es ihnen unerträglich sein konnte, wenn die Regierung sich diese Massenbewegung ins Knopfloch heftete, auch, es ist eine der typisch deutschen Mausefallen, daß man das Richtige manchmal auch zusammen mit den falschen Leuten tun und seine zwiespältigen Gefühle dabei ertragen muß

und immer wieder die Frage an mich: Was ist in Deutschland los, und ich versuche auch mir zu erklären, aus welchen Untiefen der deutschen Seele diese Ausbrüche von Haß und Gewalt kommen, mit denen in Deutschland auf jede Art von Verletzung des unglaublich schwachen Selbstgefühls geantwortet wird, der Teufelskreis, daß Jugendliche aus dem Gefühl der Demütigung eine starke Identität in einem wieder mal starken Deutschtum suchen, das wiederum Gegenreaktionen hervorrufen muß, die zu neuem Auftrumpfen führen, und so weiter, in eine Steigerung hinein, die ich mir nicht vorstellen will

erfahre, daß man auf der Haut des »Eismannes« – jenes vor 5500 Jahren gestorbenen mumifizierten Mannes, den man vor einem Jahr am Rande eines Gletschers in den Alpen zwischen Österreich und Italien gefunden hat – magische Zeichen entdeckte: je ein Kreuz auf jedem Knie, und auf dem Rücken auf beiden Seiten Gruppen von parallel zueinander verlaufenden Strichen, je zwei oder drei. Mir fällt auf, daß ähnliche Striche die Höhlenforscherin Barbara König in vielen Höhlen gefunden hat, und wieder bin ich eigentümlich bewegt von diesen frühesten Zeugnissen des Menschseins, was heißt, der Überschreitung des engen Zirkels, der dem Tier durch seine materiellen Bedürfnisse und ihre Befriedigung gesetzt ist

und möchte genau bestimmen, auf welcher Stufe des Menschseins MEDEA mit den Ihren steht, an welche Nahtstelle sie gestellt ist, welche Zerreißproben ihr also zugemutet werden von den westlich orientierten Korinthern, ihr, der Barbarin aus dem Osten – wie Euripides sie unverhohlen nennt.

Ich fürchte mich vor dem Aufstehen, wahrscheinlich wird mein Gelenk wieder blockiert sein, ich werde zuerst nicht laufen können, auch die Feldenkraistherapie kann ein zerstörtes Gelenk nicht wieder aufbauen, ich denke an meine Unlust, diesen Text weiterzuführen, denke, wie ich es mir erlaube, später aufzustehen, früh einfach im Bett noch zu lesen, herumzutrödeln mit unnötigen Handgriffen, die Maschine, die an der Schmalseite des Tisches, an dem ich jetzt arbeite (nicht mehr im Office, schon lange nicht mehr), als unzumutbare Mahnerin empfinde, ich ertappe mich dabei, wie ich mit mir selbst rede, unwirsch, wie ich eine klemmende Schublade anschreie, komm doch schon, du Biest, wie ich mitten in der Küche stehe, das Handtuch in der Hand, und laut sage: Es muß ja nicht sein, ja was denn, aber ich weiß es ganz genau, weiß es auch in meinem Frisierstuhl, sehe, daß Claudia die Haare sehr sorgfältig, aber sicherlich zu kurz schneidet, »summercut«, aber das macht ja nichts, auf einmal weiß ich, daß ich

Heimweh habe, regelrechtes bohrendes Heimweh, denn es hat ja keinen Sinn, zu leugnen, daß dieser Text viel langsamer wächst, als die Zeit vergeht, die hat es eilig, Weihnachten, das ich gerade noch beschreiben wollte, ist lange vorbei

weißt du noch, wie wir in der sehr warmen, aber verschleierten Sonne auf einer Bank im Ocean Park saßen? Wie du dann über die Brücke, die die Straße nach Malibu überwölbt, hinuntergingst an den Strand, ich sitzen blieb; daß dann, aber das habe ich dir nur erzählt, die verschiedensten Leute vorbeikamen, darunter auffallend viele, die Russisch sprachen, dann wollten zwei smarte junge Männer in blütenweißen Hemden mir eine Mormonenbibel aufdrängen, da stellte ich mich, als verstünde ich sie kaum, als würde ich auch kaum ein Wort Englisch sprechen, da ließen sie es bei einem Leaflet bewenden, das mir mitteilte, daß Gott auch mir für meine Sünden seinen Sohn geopfert habe, und ich dachte, wie uralt dieses Opfern der Söhne durch die Väter ist, die nicht abtreten wollen, und daß MEDEA, wie ich sie damals sah, überhaupt keine Art von Opfer mehr ertragen kann und daher zwischen allen Parteien steht, ein Denken und Empfinden in sich heranwachsen fühlt, für das es keinen Ort gibt, damals nicht und heute nicht, ich müßte eigentlich, dachte ich, die beiden blütenweißen jungen Männer, die ein Stück weiter ihre Bibel bei einer Frau losgeworden waren, fragen, wie grausam eigentlich ein Vater sein muß, daß er seinen Sohn einem gräßlichen Opfertod überantwortet – ihn zum Beispiel in den Krieg schickt, immer wieder in Kriege schickt –, ich konnte mir die pure Verständnislosigkeit auf ihren Gesichtern vorstellen, und ich auf meiner Bank wunderte mich, daß die vielen Gläubigen, die ihren Gott als einen Gott der Liebe sehen wollen, sich solche einfachen Fragen nicht stellen, und ich mußte mir sagen, daß ich, in meiner gläubigen Periode – die allerdings anderen Göttern galt –, mir auch eine Menge einfacher Fragen nicht gestellt habe und daß ich das nicht vergessen und mich nicht über andere überheben sollte, dann kam ein japanisches Pärchen und setzte sich auf das andere Ende der Bank, und der junge Mann streichelte dem Mädchen den Nacken, sie turtelten miteinander, dann fotografierte er sie, und sie gingen weiter, es kamen die üblichen einsamen Läufer und Geher, durchgeschwitzt und zielstrebig, dann kam ein indianisch aussehender Mann, der sich einen Moment lang mir gegenüber ans Geländer lehnte, »Merry Christmas« sagte und fragte, ob er sich auf die Bank setzen könne. – Sure. – I am an Indian, sagte er, coming from Oklahoma. Er sei nur für zwei Tage hier, extra gekommen, um eine Freundin zu besuchen, aber er habe erfahren müssen, daß sie gerade nach Kentucky umgezogen sei; er sei eben weit gelaufen, von Venice bis hierher, er trug ein T-Shirt und hatte einen weißen Pullover um den Hals geknotet, er wollte wissen, wie ich heiße, und ich sagte ihm meinen Vornamen, während er Richard hieß, ich sagte: No Indian name, aber er hatte einen komplizierten indianischen Nachnamen, er gab mir am Ende des Vorstellungsrituals die Hand, die verkrüppelt war, ich fragte ihn nach seinem Job, aber er konnte nicht mehr arbeiten, wegen der Hand, ein Autounfall, very bad. Und dann kam, worauf ich die ganze Zeit mit Unbehagen gewartet hatte: Do you have some change for me, und ich schämte mich, daß ich ihm sagen mußte, daß ich kein Geld bei mir hätte, denn du hattest es ja in deiner Jackettasche, ich bedauerte es sehr, er nickte. Are you married, wollte er wissen, und ich sagte ja, und mein Mann würde bald kommen, der habe Geld bei sich, aber Richard erhob sich, nice to have spoken with you, und ging, und das war nun meine erste Begegnung mit einem der native people von Amerika

und am Heiligen Abend saßen wir im Café Lago und aßen Fisch, weißt du das noch, und neben uns an einem kleinen Tischchen wie dem unseren saß eine Frau mit ihrer kleinen Tochter, wir kamen mit ihr ins Gespräch, so wie man hier leicht mit Leuten ins Gespräch kommt, das Kind hieß Ronny und wollte nichts Grünes auf seiner Pasta, nur Tomate, und der Kellner war geduldig mit ihr wie die Mutter, wir waren in einem italienischen Restaurant, und nahm den ersten Teller einfach wieder weg, die Frau, kräftig, stark geschminkt, erzählte, daß sie bei einer Versicherungsgesellschaft arbeite und später mit Ronny noch zu einem Christmas-Gottesdienst gehen wolle, hinter ihrer Munterkeit schien sie traurig zu sein, sie war schließlich zu Weihnachten mit dem Kind allein, und an einem anderen Tisch, weißt du noch – ich wollte mir alles merken, es war das erste Weihnachten außerhalb von Deutschland –, saß ein junges schwarzes Pärchen, nach dem Essen, beim Dessert, überreichte er ihr ein Geschenk, etwas Viereckiges, in den Plastikbeutel einer Reinigung verpackt, sie packte es aus und begann zu strahlen, sie hielt es hoch, daß wir sehen konnten: Es war ein Bild, ein Gemälde, ein Doppelporträt von ihnen beiden, sie war selig, und es machte gar nichts, daß es ein sehr schwaches Bild war, vielleicht von ihm selbst gemalt. Übrigens waren die beiden auf diesem Bild von hellerer Hautfarbe als in Wirklichkeit.

Thomas Mann, TAGEBÜCHER 1944 - 1. 4. 1946 Pacif. Palis.
Dienstag den 5. XII. 44 ... Störender und taktloser Artikel
von Marcuse über meinen Atlantic-Aufsatz, vom ›Aufbau‹
bezweifelt und mir durch Franks zum Urteil vorgelegt.
Dummheit. Dazu in den Anmerkungen: Ludwig Marcu-
ses Artikel ›Wer darf sich ändern?‹ nimmt für TM – gegen
die Angriffe in ›Atlantic Monthly‹ – das Recht auf Irrtum
und Bekehrung in Anspruch ...; aber er möchte den At-
tackierten selbstbewußter und weniger apologetisch im
Verhältnis zu seiner Vergangenheit sehen: ›Thomas Mann
hat nicht nötig, zu verteidigen, daß er nicht mehr für Tir-
pitz ist. Aber vielleicht sollte man wünschen, daß er einmal, bei Gelegenheit, schonungslos über seine Vergangenheit schriebe – so schonungslos, wie es alle großen Be-
kehrten taten. Nicht seinetwegen, sondern unseretwegen!
Nicht damit er als Sünder dasteht – wer hat ein Interesse
daran? Sondern, um in jedem von uns die Abrechnung
mit der eigenen Vergangenheit anzuregen. Die Selbstge-
rechtigkeit im Lager der Anti-Faschisten ist riesengroß.
Weil sie nicht Bluttaten begangen haben wie Hitler, bilden sich sehr viele ein, ein gutes Gewissen zu haben.
Wenn Thomas Mann an seinem Leben einmal zeigen
würde, welche Schuld dem europäischen Intellektuellen
an dem heutigen Zustand der Dinge zuzumessen ist,
dann würde er eine sehr wichtige Tat vollbringen.‹

Sprache. Allmählich kann ich
beginnen, über die Unterschiede zwischen dem Englischen und dem Deutschen nachzudenken, jedenfalls bei
dem reduzierten Gebrauch, den ich vom Englischen nur
machen kann. Wieviel leichter ich sagen könnte: I am
ashamed, als: Ich schäme mich, um wieviel näher das

Deutsche bei ganz gleichem Wortlaut, bei ganz gleicher Bedeutung der Wörter, an meine Gefühlswurzeln heranreicht, sich an sie heranschleicht, sie umspielt, nährt sogar, sie aber auch schmerzhaft trifft, wie ja doch auch das englische Wort »pain« für mich niemals den Schmerz bezeichnen könnte, mit dem ich es zu tun habe, it is painful, könnte ich ja ziemlich ruhigen Gemüts sagen, leichthin wie eine Lüge, während mir der Schweiß ausbricht bei der Vorstellung, sagen zu sollen: Es tut weh, und dabei an die Ursache des Schmerzes denken zu müssen, oder wie könnte »conscience« mir jemals das deutsche Wort »Gewissen« ersetzen, ein Wort, in dem die »Bisse« schon enthalten sind, die Gewißheit auch, wenn das Gewissen verletzt wurde, Gewißheit der Gewissenlosigkeit, darüber kann man sich ja niemals betrügen, und was könnte es mir nützen, »Reue« durch »Bedauern« zu übersetzen, »ich bereue« also als »I regret« auszudrücken, he – or she – regrets what he (she) has done. Ich bereue, was ich getan habe. Oder nicht getan habe, das geht nur auf deutsch, vielleicht, weil es sich um deutsche Taten oder Unterlassungen handelt, die fremde Sprache als Versteck, auch als Schutzschild

1995

Fototermin L. A.

Am Nachmittag brauche ich das neu erworbene Auto
nicht. Todd, der vor einigen Tagen ein langes Interview
mit mir gemacht hat, für das berühmte MAGAZINE, in
dem ich um keinen Preis erscheinen wollte, hat einen Termin in einem berühmten Fotostudio für mich vereinbart,
in das ich um keinen Preis gehen wollte, aber der Verlag
insistierte, die Bücher, die im Frühjahr von mir erscheinen sollen, brauchen dringend Werbung, hieß es, schließlich gab ich nach, wider besseres Wissen. Ich würde abgeholt, hieß es. Der Fahrer kommt mehr als eine halbe
Stunde zu spät, er entschuldigt sich mit dem heavy traffic,
auch hatte er mein Domizil, das MS. VICTORIA, nicht
gleich finden können. Er ist ein distinguierter grauhaari-
ger Herr, geschlagen mit einem grandiosen Schnupfen,
während wir, nun schon im Dunkeln, den Wilshire Boulevard hinunterfahren, gibt er zu, daß er auch noch beim
Arzt reingeschaut habe, um sich Medikamente verschrei-
ben zu lassen, als Beweisstück hält er die umfangreiche
Tüte hoch, die neben ihm auf dem Sitz liegt. Ich bin in
der Vorstellung befangen, daß man zu Fototerminen
pünktlich zu erscheinen habe, aber der Fahrer weiß das
besser, ich solle seiner langjährigen Erfahrung trauen, sagt
er, und nun will er wissen, woher ich komme, was ich
mache, warum ich hier bin, wie es mir in L. A. gefällt,
zwischendurch erklärt er mir die unbekannten Stadtteile,
durch die er mich fährt, und versichert ein ums andere
Mal, der Fotograf, wie berühmt er auch sein möge, werde
auf uns warten, that's his job, you see. Da klingelt sein
Autotelefon, seine Company teilt ihm mit, Melrose Ave-

nue sei nicht die richtige Adresse, in schnellem Hin und Her, bei dem seine heisere Stimme allmählich fast völlig versagt, ermittelt mein Fahrer die richtige Adresse, sorry! sagt er und wendet auf der Stelle, entgegengesetzte Richtung also, aber es sei nicht weit, wir hätten Zeit. Ich sage, meinetwegen könnte dieser Fototermin ruhig ausfallen, da wird mein Fahrer hellwach. Wofür denn dieses Foto sei. Dieser Mathew sei nämlich als Fotograf pretty famous, ich nenne das MAGAZINE, mein Fahrer pfeift durch die Zähne, wolle ich den Fototermin nicht ihm überlassen, er sei nämlich Schauspieler und habe keinen Job, er warte nur auf eine solche Gelegenheit, er sei schon mit berühmten Kollegen zusammen auf der Leinwand gewesen, das könne ich ihm glauben.

Wir haben längst die im Weihnachtsschmuck glänzenden Avenuen verlassen, kommen durch düstere, immer düsterere Viertel, undeutliche Verdächtigungen, aus Mafiafilmen gespeist, geistern mir durch den Kopf, da halten wir endlich in einer besonders dunklen Nebenstraße vor dem Hintereingang eines stillgelegten Fabrikgebäudes, aus einer Tür fällt ein Lichtstreifen auf ein paar Steinstufen, die wir hinaufsteigen, jetzt bin ich endgültig in einen Film geraten, nur das Genre wurde mir nicht mitgeteilt, es kann ebensogut ein Gangsterfilm mit mir als Entführungsopfer wie ein Melodram aus dem Leben eines alternden Schauspielers sein, in dem Fall hätte ich nur eine Nebenrolle, aber die jungen smarten Männer, deren Silhouetten in dem Gang auftauchen, begrüßen ausdrücklich mich, während der Schauspieler, mein Fahrer, erklärt, er werde hier auf mich warten, auf meinen Einwand, das könne lange dauern, abwinkt: Don't worry, und zielstrebig auf das Studio zusteuert, durch ein Gewirr schmaler

graubetonierter Fabrikgänge, ein Zirkuspferd, das Zirkus-
luft wittert. Nein, sagen unsere Begleiter, Mathew sei leider noch nicht fertig, er arbeite noch mit dem letzten Modell, freue sich aber ungemein auf die Begegnung mit mir,
warum wolle ich nicht inzwischen einen Blick ins Studio
werfen. Das Studio ist eine riesige in Halbdunkel gehüllte
Fabrikhalle, in deren einer Ecke, von diversen Scheinwer-
fern angestrahlt, eine superschlanke blonde junge Frau in
einem schwarzen Dress auf ihren ausgestreckten Händen
hingebungsvoll eine Glaskugel balanciert, in verschiedenen Posen, en face zur Kamera, im Profil zur Kamera,
während der Mann hinter der Kamera, von dem ich im
Gegenlicht nur den Umriß eines Kopfes mit mächtiger
Lockenfülle sehe, sie anfeuert: Yes! Right! Perfect!, und
die jungen Männer, seine Assistenten, begeistert ausrufen:
Isn't he great?

Mathew unterbricht seine Arbeit an der Kamera, um
sich zu mir umzuwenden und mir zu erklären, daß er de-
lighted sei, mich zu sehen, ein ganz kurzes Weilchen habe
er noch zu tun, inzwischen würde Bob mir bestimmt
einen Kaffee bringen, right, Bob?, und Bob verschwindet
in der dunkelsten Ecke der Fabrikhalle, aus der eine Kaf-
feemaschine blinkt, er kommt mit dem gefürchteten
Pappbecher, voll mit dem gefürchteten Getränk, das die
Amerikaner Kaffee nennen und Tag und Nacht in eigens
dafür erfundenen großen dickwandigen Tassen mit sich
führen, ich sitze inzwischen auf einer Art Gartenstuhl
und mustere meine Umgebung, das passiert dir ja nie wieder, sage ich mir, sieh dir alles genau an, um es später beschreiben zu können, aber da kommt schon eine knaben-
hafte junge Frau mit streichholzkurzem Haar und Leder-
mützchen, sie sei das Make-up-girl, und ob ich nicht mal

kurz mit ihr kommen könne. Why don't we go into my room. Einigermaßen verblüfft sehe ich mir zu, wie ich aufstehe und hinter ihr hergehe. War nicht meine Bedingung gewesen: Kein Make up! Das sage ich auch im Vorbeigehen zu Mathew, dessen Modell sich inzwischen im Liegen mit der Glaskugel einläßt, I know, I know!, ruft er fröhlich, es handle sich ja nur um allerkleinste Korrekturen, Jo Anne mache das wunderbar. Da sitze ich schon auf dem Schminkstuhl vor einer Spiegelwand, umgeben von Kosmetikutensilien, Pinseln, Schwämmchen, Tigeln und Töpfchen, und Jo Anne beginnt an meinem Gesicht zu arbeiten. Das wird länger dauern, wird mir schnell klar, sie arbeitet in Schichten, aber sie weiß mir die Zeit zu vertreiben. Die junge Dame da drinnen, sagt sie, die werde schon den ganzen Nachmittag fotografiert, das sei übrigens eine Nichte von Jane Fonda, sie sei wirklich begabt. Sie habe ein ganz besonderes Verhältnis zu wilden Tieren, heute nachmittag hatten sie auf ihren Wunsch ein Kamel aus dem Zoo im Studio, auf dem sei sie an der Kamera vorbeigeritten, und ein zahmer Löwe sei auch dagewesen, sie habe sich in seine Mähne gekuschelt, nur stellte sich heraus, daß sie allergisch gegen Löwen sei, und sie hätten das enttäuschte Tier schnell wieder hinausführen müssen. Aber die Fotos seien marvellous. Mathew sei eben einfach great, er arbeite ja nur in Schwarzweiß, daher brauche er auch etwas aufbereitete Gesichter, you know, sonst komme einfach nichts rüber. Ich habe mich in mein Schicksal ergeben, aber als Jo Anne mir nach einer halben Stunde den Spiegel freigibt, wage ich zu sagen: O no! That's not me! Doch Jo Anne ist nicht zu erschüttern, genau so brauche mich Mathew, auf den Fotos werde alles okay sein. Dann wechsle ich auf den

Nebenstuhl. Mike, der Friseur, just a minute!, föhnt mein frischgewaschenes Haar über eine große Rundbürste. Leila, die Garderobiere, findet an meiner goldgelben Seidenbluse nichts auszusetzen, nur die Kette solle ich abnehmen, classic style sei mir angemessen.

Ich bin also in einem Film, der darüber gedreht wird, wie ein Film gedreht wird, ich liebe ja solche Verschachtelungen, ich liebe meinen Taxifahrer, der seinen festen Platz im Studio gefunden hat und sich mit Bob über die Beleuchtungsprobleme in solchen großen Hallen unterhält. Er ist high, ich muß mich dazu bringen, auch high zu sein, denn Mathew ist nun ganz allein für mich da. Ich werde auf einen erhöht stehenden Stuhl dirigiert, meinen linken Arm habe ich auf eine abgepolsterte Stütze zu legen, die Lichtproben fangen an. Nein, blenden wollen sie mich nicht, sie müssen zufrieden sein, aber ich soll auch zufrieden sein mit dem Licht. Dann fängt Mathew an. Bei jedem Shot blitzt ein überheller Flash auf, aber so schnell, daß meine Augen nicht darauf reagieren können. Mathew gibt sparsame Anweisungen. Die ersten Fotos kommen, schon entwickelt, aus der Maschine, er zeigt sie mir. Da begreife ich: Jetzt muß ich streng werden. Also sage ich, streng: No. That's not me. That's a mask. – Okay, sagt Mathew. You don't like it.

Genau für diesen Fall ist Jo Anne mit einigen Utensilien in der Nähe, sie bekommt neue Anweisungen und beginnt mit ölgetränkten Tüchern das ganze kunstvoll aufgetragene Make up wieder abzuwischen, es dauert eine Viertelstunde, bis sie wieder beim Mund ist, den sie mir zu groß malt, okay, sie wischt den ganzen Lippenstift noch einmal ab und trägt sparsamer auf. Mathew wartet. Er gibt das Signal: Perfect!, und dann geht es wieder los,

aber nach den ersten Fotos winkt er Leila herbei, sie muß
mir einen schwarzen Pullover über meine zu gelbe Bluse
legen, das ist das einzige, was sie als Garderobiere bei diesem Termin zu tun hat. Perfect! Und dann wird es profes-
sionell, es kommen Mathews sparsame Anweisungen, zuerst sage ich noch: I am no model!, dann sage ich nichts
mehr, wende mich rechts, wende mich links, stütze meinen Kopf in die Hand, lächle, bin ernst, lehne mich vor,
lehne mich zurück, er zeigt mir die ersten Fotos, ich sage:
better, und es geht weiter. Jede Serie wird besser als die
vorhergehende, und am Ende glaube ich, daß Mathew
ein guter Fotograf ist, und habe aufgehört, mir vorzustel-
len, was ein einziges Foto von ihm das MAGAZINE
kosten mag, das ja den ganzen vielköpfigen Stab mit-
bezahlen muß, und als alle Fotos neben- und untereinander an eine Tafel gepinnt sind, zeigen Mathew und ich auf
die gleichen, die wir in die engere Wahl nehmen wollen.
Anderthalb Stunden sind vergangen, es ist neun Uhr
abends, ich war Mathews letzter Auftrag vor Xmas, das
wir in Europa Weihnachten nennen, sämtliche Mitglieder
der Crew fallen sich in die Arme und wünschen einander
Happy Holidays, mir Happy Christmas und auch meinem taxifahrenden Schauspieler, der in der Tür steht und
auf mich wartet. Er begrüßt mich mit erhobenem Dau-
men, Profis unter sich, nun ist mein Fototermin erst wirklich gelungen, auf einmal bin ich high und höre mit an-
gespanntem Interesse, was mein Fahrer, der mich schon
lange beim Vornamen nennt und von mir mit »Richard«
angesprochen werden will, vom fachlichen Gesichtspunkt
aus über Mathews Team zu vermelden hat, mit seiner
noch heisereren, oftmals versagenden Stimme, und ich
bestärke ihn mit right! und correct!

Jetzt sind wir so weit, daß Richard mir einen großformatigen gelben Umschlag nach hinten reicht, den er offenbar immer mit sich führt, den solle ich mir ansehen, damit ich ihn nicht für einen Schwindler halte. In dem Umschlag sind natürlich Fotos aus Filmen, in denen er mitgewirkt hat, Szenen, in denen er immer dicht neben einem berühmten Schauspieler steht, mit ihm anstößt, ihm Feuer gibt oder ihm, anscheinend als eine Art Butler, den Anzug zurechtrückt, ich bin begeistert, ich nenne die berühmten Schauspieler bei Namen, wenn ich sie kenne, Richard ruft right! und nennt die Titel der Filme. Diese Fotos habe er immer bei sich, sagt Richard, für den Fall, daß er einmal einen Regisseur oder Produzenten fahre, er kenne die doch alle, sagt er, und manchmal brauchten diese Leute einfach eine kleine Erinnerungshilfe, und dann sei man plötzlich wieder in. Aber Hollywood sei auch nicht mehr, was es mal war, auch Los Angeles sei nicht, was es mal war, zu viele Autos, zu viele Kriminelle, und die Filme erst! Die seien schon lange nicht mehr, was sie zu seiner Zeit waren, zuviel Gewalt. Gerade habe er von Hollywood wegziehen müssen, die Mieten seien einfach außer Kontrolle geraten, zwanzig Jahre habe er dort gewohnt, nun könne er es nicht mehr bezahlen, aber was brauche er schließlich Hollywood, sei er auf Hollywood angewiesen? Nein. Er habe wieder eine gute neighbourhood gefunden, und Hollywood mit seiner ganzen verrückten Filmindustrie könne ihm gestohlen bleiben, right?

Ich sage nichts mehr. Die letzten Minuten fahren wir schweigend, der Regisseur des Films, in den ich geraten bin, scheint sich doch für die Version »alternder Schauspieler« entschieden zu haben. Wir halten vor dem MS.

VICTORIA, Richard steigt aus, er gibt mir die Nummer seiner Company, ich könne ihn jederzeit wieder anfordern. So happy to meet you. Filmbeteuerungen? Er hat Tränen in den Augen. Filmtränen?

Good luck, my friend. O yes, thank you. ———

Jenes beste Foto, das Mathew von mir geschossen hat, ist niemals in jenem teuren und berühmten MAGAZINE veröffentlicht worden, weil der Redaktion das Interview, das Todd mit mir gemacht hat, nicht »personal« genug ist. Was heißt das? frage ich Todd am Telefon. Nun ja, sie wollen nicht unbedingt wissen, aus welchen Motiven ich meine Bücher geschrieben habe oder was ich politisch gedacht habe und heute denke, sondern sie möchten wissen, wie meine Beziehung zu meinem Mann ist, zu Männern überhaupt, was meine Töchter machen, und wie sie über mich denken und wie sie es aushalten, eine bekannte Frau als Mutter zu haben, und was für ein Typ ich bin, in der Mode, meinen sie, und so weiter. Ich sage: Interesting questions, Todd fragt: Do you think so?, ich sage: No. I told them, sagt Todd. Umsonst gearbeitet, sage ich, aber Todd wird versuchen, seinen Text anderswo unterzubringen, und von Mathew und von seinem Foto habe ich nie wieder etwas gehört, und es ist mir bewußt, daß dieses Foto zu teuer ist, als daß ich selbst es kaufen könnte.

2004

Wüstenfahrt

Die Verabredung galt. Der Tag war gekommen.

Merkwürdig, daß wir auf unserer Wüstenfahrt öfter schlechte Laune hatten, daß wir aber später jedesmal Lachkrämpfe bekamen, wenn wir davon erzählten. Beides, die schlechte Laune und das Gelächter, ging auf Susans Kosten, Susan, die wir dann eine nach der anderen beschwichtigten, als sie uns nach der Fahrt anrief: Ich glaube, es ist nicht alles so gelaufen, wie es sollte, hoffentlich hat es dich nicht zu sehr gestört. Aber nein, aber wieso denn, es war doch großartig.

Mir mußte man ja zugute halten, daß ich neu war und mich arglos Susans Leidenschaft, Gruppenunternehmen zu organisieren, überließ. Die anderen gaben später zu, daß ihnen schon mehr als einmal ein Dinner, zu dem sie hungrig um sieben Uhr bei Susan eingetroffen waren, gegen elf Uhr nachts noch immer nicht serviert wurde. Oder daß Susan eine Gruppe, die auf sie wartete, einfach vergessen konnte. Nun immerhin, vergessen hatte sie unsere Wüstenfahrt nicht, aber es konnte auch keine Rede davon sein, morgens um zehn Uhr bei ihr abzufahren, wie sie selbst es uns immer wieder eingeschärft hatte. Therese, von uns allen die glühendste Liebhaberin der Stadt Los Angeles, hatte mich pünktlich abgeholt, darin sei sie eben sehr deutsch, sagte Susan beinahe tadelnd, und auch Margery, die rechtzeitig auf dem Rücksitz von Thereses Auto gesessen hatte, sei durch ihr Heidelberger Psychologie-Jahr von der deutschen Pünktlichkeit angesteckt, Susan nannte uns fast verächtlich die »deutsche Gruppe«. Dabei war auch Jane bei uns, die wir aus ihrer Fotogalerie ab-

holen und noch in ihre Wohnung fahren mußten, weil
sie – typisch! sagte sie – ihr Portemonnaie vergessen hatte,
so daß wir sowieso schon eine halbe Stunde zu spät kamen – was hatte denn Jane mit Deutschland zu tun? Sie
hat einen deutschen Freund, oder nicht? fragte Susan bis-
sig. Therese, ursprünglich eine Fremde wie ich, aber seit
langem, besessen von Kalifornien, tief in die geheimen
Fäden verstrickt, die sie alle miteinander verbanden, Therese flüsterte mir zu, ob ich nicht wisse, daß das Haus, in
dem Jane ihre Galerie betrieb, Susan gehöre. Toby, in dessen Auto Susan fahren würde, machte uns ein Zeichen:
Wir sollten schweigen, und als Susan im Hausinnern verschwand, weil sie ja schließlich eine Zahnbürste und ein
Stück Seife mitnehmen müsse, erfuhren wir, daß Ted und
Mac, Susans Freunde, die keiner von uns kannte und die
also mitkommen würden, noch nicht da waren. Ich hatte
Zeit, mich zu fragen, wie ich mir Susans Behausung denn
vorgestellt hatte, da es mich überraschte, daß eine reiche
Frau wie sie – du, hatte Jane mir beschwörend versichert,
sie hat wirklich Geld, sie besitzt eine Insel! – ein kleines,
unscheinbares Holzhaus mit winzigem Vorgarten in einem der schmalen Sträßlein von Venice bewohnte und
daß es ihr gar nichts ausmachte, wenn drinnen das Chaos
herrschte. Also schlug ich mir am besten alle Klischeevor-
stellungen aus dem Kopf.

Zwar war es nicht abgesprochen, aber Susan hielt es für
selbstverständlich, daß sie Rolly mitnahm, ihren Hund,
sie konnte ihn schließlich nicht zwei Tage allein lassen.
Oh no! rief Jane verzweifelt, und das Tier, eine Mischung,
in der ein Terrier deutliche Spuren hinterlassen hatte,
stürzte sich auch sofort auf sie. He hates me! schrie sie.
Aber Susan würde ja die Leine mitnehmen, also würde

Rolly keine troubles machen. Alle schwiegen, am tiefsten schwieg ich.

Mac und Ted, zwei Männer mittleren Alters und von mittlerer, untersetzter Statur, beide schwarzhaarig, der eine mit einem krausen Schopf, der andere mit einem enganliegenden Haarkäppchen, dessen Spitze tief in die Stirn gezogen war, kamen in einem Auto, das sogar ich nicht für fahrtüchtig halten konnte und das sie ja auch stehenlassen würden. Sie gaben keine Erklärung ab für ihre Verspätung und sprachen überhaupt sehr wenig. Stumm setzten sie sich zu Toby, Susan und dem Hund Rolly in Tobys Auto und fuhren los. Keine von uns vier Frauen, die wir schließlich in Margerys TOYOTA von Therese auf den Freeway gesteuert wurden, hatte je etwas von Mac und Ted gehört, keine hatte auch nur die mindeste Ahnung, welcher Nationalität sie waren, womit sie ihr Geld verdienten und in welcher Beziehung sie zu Susan standen. Ich glaube, sie braucht das, sagte Margery. Aber was denn, fragte Therese, und Jane war schweigend in ihren Zorn eingesponnen, bis unvermeidlich der Moment kam, in dem wir alle auf einmal in Lachen ausbrachen und nicht wieder aufhören konnten. Wir schrien vor Lachen.

Was, sagten die Freunde, die nicht dabei waren und denen wir später alles erzählten, ihr seid in die Wüste gefahren, um den Vollmond zu sehen! Was daran komisch sein sollte, verstanden wir nicht, uns war es als die natürlichste und wünschenswerteste Sache der Welt erschienen, nur daß wir eben die meiste Zeit nicht in der Wüste, sondern im Auto verbracht hatten. Aber hatten wir nicht dadurch schon gemeinsame Erinnerungen, sagte Therese. I love it! sagte Jane, und auch ich fand es jeder Mühe wert.

Ich versuchte meinen neuen Gefährten in ihrer Sprache klarzumachen, wie ich es liebe, wenn die verschiedenen Zeiten, in denen wir leben, miteinander verschmelzen und ihre Spur in uns hinterlassen, ich versuchte ihnen meinen Horror vor vertanen Lebensabschnitten verständlich zu machen. Sie schienen Bescheid zu wissen. That's my problem, sagte Toby, I waste my time. Therese widersprach ihm heftig, ich sagte, everybody wastes a lot of his or her time, that's a modern problem, that's a common way to make us feel guilty. Ich kannte andere Möglichkeiten, mich schuldig zu fühlen, sie wußten es.

Wie immer, wenn ich einige Zeit auf dem Freeway fuhr, stellte sich das Gefühl ein, ich glitte auf einem Laufband in die eine Richtung, während die Stadtlandschaft zu beiden Seiten sich auf zwei Laufbändern in die entgegengesetzte Richtung bewegte. Wir nahmen zuerst den Santa Monica Freeway. Die Sonne, die an diesem Märztag von einem wolkenlosen Himmel herunterbrennen würde, blieb uns im Rücken, aus der Stadtlandschaft von kleinen Holzhäusern, Palmen, Einkaufszentren und Verwaltungsgebäuden, die ich zuerst unglaubwürdig gefunden hatte und die mich nun mehr und mehr faszinierte, drehte sich allmählich die Wolkenkratzerinsel von Downtown in unser Gesichtsfeld, blieb lange wie ein neues böses Utopia blinkend und blitzend linker Hand am Horizont, dann verdrehte ich mir den Hals danach. Ich fragte mich, warum jede Fahrt durch diese Stadt ein Hochgefühl in mir erzeugte, es konnte doch nicht sein, daß diese planlose Ansammlung menschlicher Behausungen meinem Schönheitsideal entsprach. Das Licht, gewiß, das unvergleichliche Licht, das beinah peinliche Wörter wie »trunken« in mir wachrief, trunken von diesem Licht, mit dem ich mich vollpumpte, unersättlich, bis ich mich aufgeblasen fühlte, ein Ballon voll Licht, der abends hätte leuchten müssen. Aber das Licht war nicht die Stadt. Die Stadt war der Moloch, in dessen Bann ich mich brachte, jedesmal wenn ich sein Hoheitsgebiet betrat oder besser: befuhr. Mutwillig setzte ich mich diesem Basiliskenblick aus, unterstellte mich seinen Gesetzen, mit jenem Gemisch aus Grauen und Faszination, das die alten und die neuen Ungeheuer schon immer in uns ausgelöst haben und das ich in mir nicht vermutet hätte. Vielleicht war es das, dieses Stadtungeheuer ließ mich empfinden, was ich vorher noch nicht empfunden hatte. Vielleicht war ich süchtig nach diesen neuen Empfindungen.

Nicht so süchtig allerdings wie Therese, die glücklich am Steuer saß und die, wie wir alle wußten, diesem Stadtmonster verfallen war und jeden Vorwand nutzte – und sei es der vage Wunsch einer deutschen Zeitung, aus erster Hand etwas über die Bürgermeisterwahlen in Los Angeles zu erfahren –, um über den Ozean zu jetten und sich ihm wieder auszuliefern. Masochismus, sagte Margery, die ihrerseits von der Verfallsromantik von Berlin, Prenzlauer Berg, schwärmte und sich entschlossen zeigte, ihre Praxis für Eheberatung in Beverly Hills zu schließen und in der Oranienburger Straße ein Restaurant zu eröffnen. Die Leute da gefielen ihr, neulich habe sie in einem der vielen Cafés gesessen, mitten im Strudel der Passanten, so etwas wünsche sie sich für ihr Lokal, normale Leute, Leben, Betrieb. Mexikanische Küche, die gebe es dort noch nicht. Ich sagte, jeder halte wohl das Gegenteil von dem, was er hat, für das wahre Leben. No, sagte Jane. Not me. Ich drehte mich zu ihr um und sah ihr kräftiges schönes Profil an den spärlicher, immer ärmlicher werdenden Stadtrandhäusern vorbeifahren. Du bist zufrieden mit dem, was du hast, Jane? – Zufrieden? Ich lebe.

Ein Teil von mir löste sich aus meinem Körper und fing an, von einem höheren Standpunkt aus auf uns herabzublicken, auf unser bläulich blinkendes flinkes Auto mit uns vier Frauen darin, die wir nur unter Ausschaltung jeglicher Wahrscheinlichkeitsrechnung an diesem Märztag auf dieser Straße gemeinsam unterwegs sein konnten. Gelobt sei der Zufall, die Triebkraft der besten Erfahrungen.

Natürlich war die Fahrzeit zu unserem ersten Haltepunkt zu kurz berechnet, es wurde Mittag, ehe wir auf den Parkplatz vor HARDLEY'S einbogen, eine offenbar beliebte Raststätte in einem Stil, der sich bei uns »rustikal« nennen würde. Lunchtime. Schon reichte meine Erfahrung aus, um vorherzuwissen, was uns erwartete, die Zeit würde kommen, da auch ich einsah, wie praktisch es ist, daß der hungrige Reisende überall im großen Amerika an den Autostraßen die gleichen Speisen vorfindet, keine Experimente also, ich bestellte mein übliches Roastbeef-Sandwich und wohnte gefesselt und sachkundig seiner Herstellung bei, bewunderte wieder die atemberaubende Fixigkeit der Hände, die ein Salatblatt, einige Scheiben Roastbeef, Tomaten, Gurken, viel zuviel Senf zwischen zwei Brotscheiben warfen, welche sich sehr zu Unrecht »Roggenbrot« nannten und die man als fertiges Sandwich nur verspeisen konnte, wenn man keine Hemmungen mehr hatte, den Mund bis über seine natürliche Sperre aufzureißen, sich bis an die Nasenspitze zu beschmiern und reichlich auf den Pappteller zu kleckern, der einem nebst einer Menge von Servietten freundlicherweise gereicht wird. Nicht zum erstenmal erlebte ich, daß diese Art Essen durch die Konzentration, die man darauf verwenden muß, vereinzelt, mit unseren vollen Mündern konnten wir die Besatzung unseres zweiten Autos nicht gebührend begrüßen, die zehn Minuten nach uns eintraf. Susan strich an unserem Tisch vorbei und beklagte sich über die Verkehrsdichte auf dem Freeway, die sie aufgehalten habe, gerade so, als sei dichter Verkehr auf den Freeways von Los Angeles etwas Unvorhersehbares. Susan erwartete keine Antwort auf ihre absurde Entschuldigung, aber unsere gute Laune schien ihr Absolution genug, sie stellte sich zwischen Mac und Ted zum Bestellen an die Theke und ließ sich von dem einen ihren Hamburger, von dem anderen ihr Mineralwasser an den Tisch bringen. Rolly den Hund hielt sie an kurzer Leine und fütterte ihn mit den Resten ihres Hamburgers, die ihn von seiner Fixierung auf Jane ablenkten. Uns wurde nicht die Freude zuteil, die Stimmen von Susans beiden Paladinen zu hören, aber Therese, die natürlich mit Toby an der Holzbrüstung von HARDLEY'S stand, solange unsere Zeit es ihr erlaubte, erfuhr, daß die beiden auch im Auto fast nur geschwiegen hätten, doch einige Proben ihrer Fähigkeit zu sprechen hätten sie immerhin abgeliefert, und, so berichtete uns Therese, als wir wieder im Auto saßen, es sei wohl Englisch gewesen, was sie gesprochen hätten, soweit Toby es erraten habe.

Die Landschaft begann sich zu verändern, sie wurde karger, nur die Silhouette der Santa Anna Berge linker Hand am Horizont schien sich gleich zu bleiben. Kleine Ansiedlungen ärmlicher Häuser trieben vorbei, alle mit Armaturen für airconditioning versehen. Anders könne man hier mindestens fünf Monate im Jahr nicht überleben, sagte Jane, die Leute würden dann von ihrer airkonditionierten Wohnung in ihr airkonditioniertes Auto wechseln, um jeden Morgen die weite Strecke nach L. A. zur Arbeit zu fahren, denn nur hier könnten sie die Miete aufbringen. Manche Eltern würden ihre Kinder früh aus dem Bett ins Auto tragen, sie dort anziehen, im Auto mit ihnen frühstücken, sie bei der Schule abliefern und nachmittags wieder abholen, um sie zu Hause schnell abzufüttern und ins Bett zu stecken. Sätze wie: Aber das ist doch kein Leben! hatte ich mir schon abgewöhnt, kaum staunte ich noch darüber, wie viele Arten von Leben denen, die sie führen müssen, immer noch lebenswert erscheinen. Und übrigens, sagte Margery, gebe es Untersuchungen darüber, daß der Zusammenhalt in diesen Autofamilien erstaunlich gut sei, immerhin widmeten sich die Eltern ihren Kindern vier Stunden am Tag, wenn sie auf engstem Raum zusammengesperrt sind, in welcher Familie gebe es das sonst?

MENTAL PHYSICS! Das Schild war schwer auszumachen, wir erwischten gerade noch die Einfahrt, fuhren an Gebäuden vorbei, die ein berühmter Architekt einst entworfen haben soll, an irreführenden Wegweisern, die uns im Kreis herumführten, bis wir hinter Tobys Wagen den Weg zum zentralen Bürohaus fanden, das wie alle anderen Häuser aus Holz war und eher einer Baracke glich. Übrigens waren wir tief in den Nachmittag hineingeraten, und Susans erste Worte an den älteren Mann, der, schwer hinkend, die Stufen hinauf voranging, trieben ihn zur Eile. Wir hätten gar keine Zeit. Aber dann standen wir doch in dem großen, mit Computern bestückten Büroraum herum und studierten das Werbematerial für einen Wochenendaufenthalt mit geistigen Übungen, das eine dürre Frau, die in eine Art farblosen Sackleinens

mehr gehüllt als gekleidet war, freigiebig an uns verteilt
hatte: Fotos von Menschen, die auf dem Fußboden in einem Kreis saßen, sich an den Händen hielten, die Augen
geschlossen hatten und sich um einen durchgeistigten
Gesichtsausdruck bemühten, und die Zeugnisse ehemali-
ger Teilnehmer, die durchweg ein erfüllteres, ausgegliche-
neres und vor allem erfolgreicheres Leben führten, nachdem sie in MENTAL PHYSICS die Voraussetzungen dazu
erworben hatten. Nur im Zentrum der Weisheit schienen
die Rezepte nicht zu wirken, außer uns wünsche heute
niemand hier zu übernachten, und es liefen auch keine
mentalen Kurse, mangels Beteiligung, sagte die dünnlip-
pige Frau nicht ohne Vorwurf. Nobody wants to develop
himself, sagte sie und maß uns mit Blicken, aus denen die
tiefe Enttäuschung an der menschlichen Rasse sprach,
was sie aber nicht daran hinderte, unsere Übernachtungs-
preise per Computer auf den Cent genau zu berechnen.
Doch ehe es ans Bezahlen ging, verschwand Susan mit ihr
in einem Nebenraum und überließ uns den Hund Rolly,
der gegen die dürre farblose Managerin dieser Herberge
sofort eine stürmische Abneigung gefaßt hatte, die Jane
schadenfroh mit der Diagnose kommentierte: Das Tier ist
krank. Don't you think him to be ill?

Später wurden wir nicht müde, uns gegenseitig die Gefühle zu beschreiben, die uns erfaßten, als Susan mit der
Managerin zurückkam und halb triumphierend, halb ver-
legen verkündete, aufgrund einer alten Übereinkunft zwischen ihr und der Direktion müsse sie ihr Zimmer nicht
bezahlen. In die Stille hinein hörte ich Margery halblaut
sagen: I can't believe it!, aber Toby wußte von Susans frü-
herem Abenteuer mit MENTAL PHYSICS. Das gleiche
Zimmer war zweimal vergeben worden, und Susan mußte

mitten in der Nacht ausziehen und draußen auf einem Liegestuhl übernachten. Er erzählte es uns flüsternd, während die Zimmerschlüssel verteilt wurden. Und um ihren Preisvorteil auszunutzen, hat sie uns hier untergebracht, sagte Jane. That's correct, sagte Toby ernsthaft. O goodness! sagte Jane, aber Toby zeigte auf eines der vielen Poster an den Wänden, die alle Kernsprüche jener Lehre verkündeten, die in MENTAL PHYSICS vermittelt wurde: Gott liebt, die sich um ihren eigenen Vorteil kümmern. God loves those, who take care for their own advantage. Sie würde es sich merken, sagte Jane.

Der hinkende Mann, der den Hausmeister darstellte, mit der dürren Frau das einzige Personal, zeigte uns die bungalowähnlichen Häuschen, die zwischen Pinien standen und ganz einladend wirkten, bis wir sie aufschlossen und grabeskalte abgestandene Luft uns entgegenschlug. Hier hatte seit Wochen niemand ein Fenster aufgemacht. Die Einrichtung war spartanisch, das übliche riesige Doppelbett, ein kleiner Tisch, zwei hölzerne Stühle und eine winzige Duschkabine mit Betonboden. In die andere Hälfte meines Doppelhäuschens sollten Lowis und Bernadette, die »in der Wüste« zu uns stoßen würden, heute abend einziehen. Ich weiß nicht, ob irgendeinen von uns böse Ahnungen beschlichen, als dies überraschend verkündet wurde – später behaupteten es natürlich alle –, ich jedenfalls war zu ungeübt im Reisen mit Susan, um mir Gedanken zu machen. Wir waren ja auch in Eile, in allerhöchster Eile, hieß es, wir sollten nur unsere Taschen abstellen und uns sofort wieder bei den Autos einfinden, nur hatte eben Rolly der Hund diese Anweisung offenbar nicht verstanden und war, die Leine hinter sich herschleifend, ins Gelände entwischt, von wo ihn Susan und

Mac und Ted, die, wie sich herausstellte, schöne laute Stimmen hatten, zurückzurufen suchten, während wir anderen, jegliche Emotion unterdrückend, müßig bei den Autos standen und hören konnten, wie die Zeit verging, die wir angeblich benötigten, um rechtzeitig »in der Wüste« zu sein.

Doch. Gerade auf diese Einzelheiten kommt es an. Wohl wäre es möglich, weniger ausführlich zu sein, aber ich weiß kein anderes Mittel als diese Ausführlichkeit und Detailgenauigkeit, um den Faktor Zeit, der unseren Ausflug mehr und mehr beherrschte, in die Erzählung hineinzubringen, und so scheue ich mich nicht, auch die Rückkehr eines höchst selbstbewußten Hundes noch zu vermelden, der den sanften Tadel seiner Herrin richtig als Liebesbezeugung verstand und ihr das Gesicht ableckte, was unsere Runde mit verkrampftem Lächeln registrierte. Danach wurden Richtlinien an die Fahrer ausgegeben, die hauptsächlich darin bestanden, daß wir uns zu beeilen hätten, daß weitere Aufenthalte nicht erlaubt seien und wir uns möglichst in Sichtweite von Tobys Auto halten sollten. Im übrigen beginne wenige Minuten nachdem wir die Hauptstraße verlassen hätten, die Wüste.

War neben dieser magischen Vision nicht alles andere unbedeutend, der Erwähnung kaum wert? Zwar würde es nicht meine erste Begegnung mit der Wüste sein. Die Vorstellung des Europäers, der das Wort »Wüste« nur mit dem Bild einer endlosen stummen Sandfläche verbinden kann, hatte ich längst abgelegt. Wir waren schließlich nicht in Nordafrika. Es gab Verzeichnisse derjenigen Pflanzen, denen es erlaubt war, in einer Wüste zu wachsen, und bis an den Rand der Joshuatree-Wüste, die wir nun von Nord nach Süd durchqueren würden, war ich ja schon einmal vorgedrungen. Allerdings hatte es da kein Abendlicht gegeben, das nun schnell und immer schneller einfiel und die bizarren Formen der kaktusähnlichen Joshuatrees außerordentlich hervorhob und zur Geltung brachte. Ich bin mir bewußt, daß der Versuch, die Joshuatree-Wüste im Abendlicht zu beschreiben, zum Scheitern verurteilt ist. Therese fuhr nach der Anweisung schnell, aber doch nicht schneller als erlaubt, nach europäischem Maß nicht mehr als neunzig Stundenkilometer. Wir begegneten kaum einem anderen Fahrzeug, vor uns war nur Tobys Auto, ein grauer Ford. Menschenleere ist eine der Definitionen der Wüste. Rechter Hand rollte die Sonne im Lauf der nächsten zwei Stunden dem Horizont zu, der von der Gipfellinie einer nahen Bergkette markiert war. So würde uns die Sonne versinken, lange ehe sie im nahen Santa Monica in den Pazifischen Ozean eintauchen würde. Vorher aber leistete sie sich am Himmel und auf der Erde ein Farbenspektakel, das alles übertraf, was ich je an Farben in der Natur gesehen hatte. Es hat wenig Sinn, von Rot und Braun und Violett zu sprechen, von Flieder- und Malvenfarben, man muß das Zusammenspiel all dieser Farben mit allen ihren Schattierungen gesehen haben, ihre Brechungen, ihre Spiegelung am wolkenlosen Himmel, ihr Ineinanderübergehen. Wenn wir zuerst noch bewundernde Ausrufe ausgestoßen, uns gegenseitig auf einmalige Motive aufmerksam gemacht hatten, verstummten wir allmählich, fuhren schweigend durch ein Schauspiel, das wir nicht vergessen durften, bis nach der Hälfte der Fahrt Jane einen Stop verlangte: Egal, was passiere, sie müsse jetzt fotografieren. Therese schaffte es, Tobys Auto in einem gewagten Manöver zu überholen und ihm unsere Absicht zu signalisieren. Susan billigte uns zehn Minuten zu. Fototermin. Die Aufnahmen sind übrigens gar nicht schlecht geworden. Dem, der dabei war, bringen sie die Erinnerungen an die Farben zurück, an die Kälte, die aus der Wüste aufstieg, und an den faden trockenen Geruch. An die sanften Stacheln der Baby-Joshuatrees. An das Rascheln von Tieren, die vor uns flüchteten.

Susan trieb uns weiter. Punkt sieben würden Lowis und Bernadette am Treffpunkt auf uns warten. Es war fast acht, als wir dort waren, steif und krumm von der langen Fahrt. Beim letzten Tageslicht konnten wir die Anweisungen und Warnungen auf der Tafel des Touristic-Centers entziffern. Keinesfalls sollte jemand allein und ohne eine Nachricht zu hinterlassen in die Wüste gehen. Auch sollten wir sie nicht ohne den vorgeschriebenen Wasservorrat durchqueren. Es stellte sich heraus, daß unsere beiden Autos mehrere volle Wasserbehälter mit sich führten. Aber wir sollten uns auch nachts nicht auf Wege wagen, die wir nicht kannten. Die Wüste, die mir gezähmt und zivilisiert vorkam, fordert immer noch jedes Jahr ihre Opfer.

Muß ich ausdrücklich bemerken, daß Lowis und Bernadette nicht da waren? Es begann also das Palaver über sie, das nicht mehr abreißen sollte. Acht Leute standen in der Finsternis am Rand der Wüste, der übrigens durch eine Holzbarriere markiert ist, und ergingen sich in Vermutungen, wann Lowis, der Geschichtsprofessor, am Nachmittag seine letzte Vorlesung gehabt haben mochte und wann Bernadette, von der wir nichts wußten, als daß sie sehr schön sein sollte und, als was auch immer, in einem Filmteam tätig war, Arbeitsschluß gehabt haben könnte. Denn ohne sie, das konnte Susan wenigstens zu unserer Diskussion beisteuern, ohne sie würde Lowis nicht kommen. Auf keinen Fall. Das hatte er gesagt. Was er denn noch gesagt habe. Nichts. Ihr kennt ihn ja. Kennen? Einmal gesehen, als wir beim Italiener den Plan für diese Fahrt ausheckten. War er nicht Grieche? Hatte er nicht dieses römische Profil? Genau der. Warum sie so überzeugt war, daß er pünktlich hier sein werde. Weil er es gesagt habe. Ob er denn, als Ausländer, überhaupt die Entfernungen hier abschätzen könne. Woher solle sie das wissen!

So war sie, Susan, und nun würde sie keine Minute länger warten, sondern stracks in die Wüste hineingehen und zusehen, wie der Mond aufging. Sie rief Mac und Ted, die sich natürlich nicht an unserer Diskussion beteiligt hatten, sie rief Rolly den Hund der im Auto eingesperrt gewesen war und geheult hatte, als sei da schon ein Mond, den er anheulen konnte. Toby heftete eine Nachricht für Lowis an die Touristentafel, die dieser bei der Dunkelheit kaum entdecken würde, aber wir wollten doch wissen, was er da geschrieben habe. Wir sind in der Wüste. Folgt uns! hatte Toby geschrieben. Das war zuviel, fanden wir.

Also passierten wir lieber die Holzbarriere, die die Wüste vom Parkplatz trennt, verfolgten den leicht abschüssigen Weg, den wir allerdings nicht sahen. Jetzt begriff ich den Ausdruck »ägyptische Finsternis«. Hatte man es nicht auch in Ägypten häufig mit Wüste zu tun? Jemand rief, ob Susan eine Ahnung habe, wann der Mond aufgehen sollte. Darauf kam keine Antwort mehr, selbst Rolly der Hund schwieg. Jemand fragte nach einer Taschenlampe, aber wozu braucht man eine Taschenlampe, wenn man den Mond hat oder doch hoffentlich bald haben würde. Durch Zuruf stellten wir fest, daß wir noch zu viert waren, Jane, Margery, Toby und ich. Wo war Therese? Sie war, berichtete Margery, »wie eine Ziege« den Berg links beim Parkplatz hochgeklettert, vom Gipfel aus wolle sie die Sonne unter- und den Mond aufgehen sehen. Was ich dachte oder fühlte, war: Das darf doch alles nicht wahr sein.

Niemandem habe ich erzählt, was ich mir vorgestellt hatte: Ich hatte uns inmitten einer Ebene gesehen, ringsum ein weiter, tiefer Horizont, über dem die große gelbe leuchtende Mondampel hing und ihr geheimnisvolles Licht auf ebendiese Ebene ergoß. Statt dessen sah ich die Hand vor Augen nicht, stolperte einen Pfad hinauf, der aus Unebenheiten, Löchern und lockeren Steinen bestand und der sich, je höher er uns führte, als um so unsicherer, fast als gefährlich erwies. Ein hilfesuchender Griff in die Pflanzenwelt zu beiden Seiten verbot sich, da diese Pflanzenwelt aus scharfstachligen Kakteen bestand. Linker Hand, erklärte Jane, sei eine berühmte Palmenoase. Wundersamerweise hörten wir ein Wässerchen rauschen. Diesen Flecken bei Tageslicht zu sehen hätte sich gelohnt, erfuhr ich, aber ich war in einem Gemütszustand, in dem kein Flecken dieser Welt mich hätte locken können. Ich konnte nur an den Rückweg denken, der, abschüssig, wie er war, beschwerlicher sein würde als der Aufstieg. Schließlich stand ich, von Jane gezogen, von Toby geschoben, auf einem winzigen Steinplateau, das nach allen Seiten hin abfiel und nur gerade ein ebenes Plätzchen für meine Füße bot, und in dieses Plätzchen krallte ich mich ein, hier stand ich und würde ich stehenbleiben, keinen Schritt würde ich weitergehen, der Mond mochte aufgehen oder es in Gottes Namen bleibenlassen. In geringem

Abstand standen, säulengleich, Jane und Margery auf ähnlichen Inseln, ich hörte sie atmen und begann aus der Dunkelheit ihre noch dunkleren Umrisse zu ahnen. Wo war Toby? Toby war natürlich zurückgegangen, um nach Therese zu sehen. Schließlich konnte sie sich in der Finsternis auf dem steilen Weg etwas getan haben, und übrigens durfte sie auch erwarten, daß Toby zu ihr kam. Aha. Jeder hier schien Bescheid zu wissen, was Therese von Toby erwarten konnte und warum, außer mir natürlich. Okay, okay, ich war schließlich hier die Fremde. Ich war schließlich nur mitgenommen worden. Alle die anderen wußten alles über Mond, Leute und Wüste, ich wußte nichts. Ich stand da auf einem winzigen Plätzchen, und wenn ich nur einen Fuß bewegte, konnte ich abstürzen, mitten hinein in diese verdammten Joshuatrees, die mich genußvoll aufspießen würden, und diejenigen, denen daran lag, ob ich hier zu Schaden kam oder nicht, waren um die Spanne eines halben Erdballs von mir entfernt, sie hatten vor zwei Stunden in aller Ruhe gefrühstückt und gingen jetzt ihren zivilisierten Vormittagsbeschäftigungen nach, und meinen Gedankenanruf vernahmen sie nicht.

Margery regte sich. Also auf Susan und die beiden Paladine zu warten hatte keinen Sinn. Wer weiß denn, ob sie nicht gerade jetzt ihr Geschäft zum Abschluß brachten. Wieso? Nun, sie hatte inzwischen gehört, daß die beiden mit Susan über den Kauf eines Hauses in Verhandlung standen. Toby und Therese würden sowieso zum Parkplatz kommen, wenn sie ihre Angelegenheiten geregelt hätten, was immer das sein mochte. Und wenn es noch eine schwache Hoffnung gab, Lowis und Bernadette zu treffen, dann auch nur dort. Und der Mond, falls er doch noch erscheinen sollte, würde von überall zu sehen sein, oder etwa nicht. So machten wir uns auf den Rückweg, der kürzer und einfacher war, als ich befürchtet hatte, standen dann verloren auf dem großen dunklen leeren Parkplatz und wußten nun erst recht nicht, was wir tun sollten. Da fand ich, der Schein, der linker Hand über der Bergkette schon eine Weile schwach geleuchtet hatte, habe sich verstärkt, und jetzt sahen Margery und Jane es auch, deutlich konturiert war die Gipfellinie, der Schein füllte sich von einer unsichtbaren Quelle mit Licht auf, mit gelbem Licht, schon breitete er sich über das untere Viertel des Horizonts aus, jetzt war es keine Sinnestäuschung mehr, jetzt übertrug sich unsere Spannung auf die Landschaft, die sachte, ganz sachte aus ihrer verwunschenen Dunkelheit aufzutauchen begann. Hier fand eine Erlösung statt, und wir waren ihre Zeugen, denn nun konnte es sich nur noch um Minuten, dann um Sekunden handeln, bis die Quelle dieses wunderbaren Lichts sich zeigen mußte. Zwei Gestirne hatten sich auf vorgeschriebenen Bahnen umeinander bewegen müssen, damit jetzt! jetzt! der goldene Rand des Mondes sich über den Berg schieben konnte. Da wurde er, war er, in Minuten stand er, makellos rund, am östlichen Himmel, und nun fehlte es uns nicht mehr an Licht und an einem ergriffenen Mut und Übermut, der sich Luft machen mußte in einem langen Schrei.

Die Antwort kam vom Berg, von Therese und Toby auf halber Höhe, ihnen da oben hatte der Mond schon früher geleuchtet, und wer wußte denn, welches Licht ihnen sonst noch aufgegangen war, nun waren sie auf dem Weg zu uns. Be careful! riefen wir Therese zu, aber sie hatte ja gute Sicht und Tobys stützende Hand, da konnte ihr nichts mehr passieren, und es passierte ihr auch nichts, bis sie unten war und Toby sie losließ, am Rand des Parkplatzes, der unvernünftigerweise von einer Art Bürgersteig umgeben war, mit einer Stufe, die Therese im tückischen Mondlicht nicht sah, so daß sie stolperte, abrutschte und sich den Fuß verstauchte, den linken Fuß, der von Herzen kommt. Au verwünscht! sagte sie, und nun brauchte sie Tobys Arm. Ist was? fragten wir, aber sollte sie zugeben, daß diese lächerliche Stufe ihr zum Verhängnis geworden war? Nein, nein, es war nichts, im Gegenteil. Jetzt schloß sie den Kofferraum auf, und da gab es ein paar Flaschen Rotwein, und Jane hatte ein großes Stück Käse mitgenommen, und Margery hatte zum Glück in letzter Minute an Brot gedacht, ich hatte ein scharfes Messer und kleine Plastikbecher. Was brauchten wir mehr. Da standen wir im Mondlicht und aßen Brot und Käse auf unseren Hunger und tranken Rotwein auf unseren Durst und ließen Susan hochleben, die den genialen Einfall zu dieser Reise gehabt hatte, und da bellte auch schon Rolly der Hund und zerrte seine Herrin an der Leine hinter sich her, und Susan beschrieb uns begeistert den Mondaufgang hinter den Bergen, und Mac sah sie dabei bewundernd an, während Ted ihr mit großen anschaulichen Gesten zu Hilfe kam. Auch für sie gab es Brot und Wein, und erst als alles aufgegessen war, stellte sich wieder, doch keineswegs zum letztenmal, die Frage nach Lowis und Bernadette. Wußten sie eigentlich, wo wir übernachten wollten? Das glaubte Susan nicht, denn warum hätte sie es ihnen sagen sollen, wo wir uns doch hier treffen würden? Und übrigens müßten wir jetzt schnell, sehr schnell, nach TWENTYSEVEN PALMS GARDEN fahren. Was um Himmels willen das nun wieder sei. Das sei nichts anderes als das Restaurant, bei dem wir zum Dinner angemeldet seien, das aber nach elf Uhr keine Bestellungen mehr annehme. Also los. Brot und Käse hatten uns nicht satt gemacht. Leuchte, guter alter Mond, leuchte. – Hast du noch nicht genug?

Es stellte sich heraus, daß Therese nicht fahren konnte. So fatal es ihr war, mußte sie ihren linken Fuß ins Scheinwerferlicht halten, um uns sehen zu lassen, daß er angeschwollen war. Es sei nichts, gar nichts, nur kuppeln könne sie nicht mit diesem Bein, und Margery, altmodisch wie sie war, habe ja auf einem Wagen ohne Automatik bestanden. Right, sagte Jane und setzte sich hinters Steuer. Irgendwann mußte ich sie doch fragen, woher sie diese Fähigkeit hatte, sich in jeder Lage sofort zurechtzufinden. Jetzt aber machte ich Therese darauf aufmerksam, daß das Mondgesicht hier anders aussah als in Europa, spiegelverkehrt, sei mir vorgekommen, Therese hatte es nicht bemerkt, und Margery und Jane sehen überhaupt kein Gesicht im Mond, sondern ein buckliges Weiblein mit einem Bündel Scheiterholz auf dem Rücken. Die Frau im Mond, la luna, die Mondin, es gefiel mir, aber ich konnte der Gedankenkette nicht nachhängen, denn Jane riß ohne Vorwarnung das Steuer herum und bog, »auf zwei Rädern«, würde es in einem Thriller heißen, mit viel zu hoher Geschwindigkeit nach rechts auf den Parkplatz vor jener Blockhütte, die im nüchternen Tageslicht nichts war als eine Rangerstation zur Überwachung des Nationalparks Wüste. Dicht hinter Tobys Ford kamen wir zum Halten. Excuse me, sagte Jane, but I think we caught them.

Und so war es. Wir hatten sie gefangen, Lowis und Bernadette nämlich, die im schimmernden Mondlicht in einem weißen offenen überlangen Cadillac saßen, Apfelsinen schälten und sich die Stücke gegenseitig in den Mund schoben. Und die unsere Aufregung nicht verstanden. War das nicht der Parkplatz, auf dem wir verabredet waren? Ach nein? Und wir hatten sie drei Stunden früher erwartet? Ja aber das war doch unmöglich, Lowis war nicht vor vier aus der Universität gekommen, und dann hatte er Bernadette abholen müssen, und dann waren sie in die rush hour geraten, und ob wir überhaupt wüßten, was die rush hour auf dem Freeway in Los Angeles sein kann. Siehst du, sagten wir zu Susan, ein ganz klein wenig vorwurfsvoll und rechthaberisch, aber Susan zuckte die Schultern, nun sei ja alles gut, jetzt würden die beiden sich an unsere Räder heften, Jane würde darauf achten, sie nicht zu verlieren, und Toby würde schnell vorausfahren, um uns das Dinner zu sichern. Das schien erstaunlich vernünftig, wir formierten uns nach Susans Anweisungen und fuhren los.

Findet ihr Bernadette wirklich so schön? fragte Jane. Wer's mag, sagte Margery. Hat Susan ihnen eigentlich jetzt gesagt, fragte ich nach einigen Kilometern, wo wir essen wollen und wo wir übernachten? Warum sollte sie, sagte Margery. Meine Frage war unangebracht. Ich verwies mir meine typisch deutsche Penibilität. Wann würde ich begreifen, daß in Kalifornien die europäische Logik außer Kraft gesetzt war. Daß nicht immer die Gerade die kürzeste Verbindung zwischen zwei Punkten ist. Das sagte ich, Jane wollte wissen, wie ich das meine, und ich verhedderte mich im Erklärungsversuch. Sie möchte sich ein Bild von Susan machen, meinte Margery mütterlich, aber es ging nicht nur um Susan, es ging eher – Look, sagte Jane, die Augen im Rückspiegel, what happened with their lights! Wir drehten uns um und sahen es auch.

Wenn das hinter uns Lowis und Bernadette waren, dann war einer ihrer Scheinwerfer ausgefallen. Wie sollten wir ihnen das beibringen. Oder hatten sie es längst bemerkt und hielten sich hinter uns, um auf dem Parkplatz beim Restaurant den Schaden zu beheben. So war es ganz sicher, und das war ja auch das vernünftigste – unterlief dieses Wort uns nicht ein wenig zu oft in der letzten Stunde? –, denn die Straße war um diese Zeit leer, und wir hatten nur noch ein kleines halbes Stündchen zu fahren, wenn wir Susans Wegbeschreibung trauen konnten. Am besten, wir vertrieben uns die Zeit und die Müdigkeit mit Gesang, mit möglichst lautem Gesang. Es war nicht ganz einfach, Margery und Jane »Auf einem Baum ein Kuckuck saß« beizubringen, aber es machte Spaß. Und nun was Amerikanisches. Da fiel ihnen nichts anderes ein als »We shall overcome«, eines der schmerzlichen Lieder aus einer hoffnungsvollen Zeit. Jede von uns sah wohl andere Bildfolgen, während wir es sangen, We shall live in peace one day, o yes. Singend und im Mondschein fuhren wir am Rand der Wüste durch die Nacht, und dann legte Jane ihre Hand auf meinen Arm, dann brach das Lied ab. Oh shit! sagte Jane. I think we lost them. – But that's unbelievable, sagte Margery sehr leise, aber wir wußten sofort: Ja, wir hatten sie wieder verloren, ja, sie mußten an der einzigen Kreuzung auf dieser Straße nach links abgebogen sein, in Richtung Los Angeles. Also waren wir doch zu schnell gefahren, und woher hätten sie wissen sollen, daß sie dem Schild TWENTYSEVEN PALMS GARDEN hätten folgen müssen, niemand hatte es für nötig gehalten, ihnen das mitzuteilen, und deutsche Gründlichkeit würde manchen Leuten manchmal ganz guttun. So irrten sie nun mit ihrem einen Scheinwerfer durch die Nacht.

Alles war idiotensicher gewesen, aber jeder von uns war ein Idiot, das sagten wir freimütig zu Toby, der ausgeschickt war, uns zu suchen und uns am Straßenrand fand, wo wir vorgaben, auf den weißen Cadillac von Lowis und Bernadette zu warten, wir Idioten, sagten wir dem erschrockenen Toby, wir Vollidioten, und hätten es niemandem geglaubt, daß genau diese Stelle in unsrer Erzählung ein paar Tage später die größten Lachanfälle auslösen würde. Da standen wir im Mondschein am Straßenrand und bezichtigten uns selbst, und besonders du, sagte ich zu Jane, du warst ja ganz zerknirscht, du hast dir ja an allem die Schuld gegeben. That's my way, sagte Jane, als ich ihr ihre Überreaktion vorhielt. Du auch? dachte ich, und fragte sie: Why? Jane zuckte die Achseln. Maybe, I'll tell you later. Vorerst wurde nicht sie, sondern Therese, die sich ganz still verhielt, zärtlich von Toby getröstet. Was für schlanke feine Hände er hatte. Wie sie zu seinem Gesicht paßten.

Natürlich muß ich fürchten, jedermann zu langweilen, aber ich kann das Folgende unmöglich im Zeitraffer erzählen, denn kein Abschnitt unserer Reise fordert mehr liebevolle Versenkung ins Detail als der nächste. Wir faßten Entschlüsse. Toby würde mit seinem Auto noch eine Weile am Straßenrand warten, für den Fall, daß der weiße Cadillac sich doch noch auf den richtigen Weg verirren sollte. Wir anderen hatten nun, so schnell es uns immer möglich war, nach TWENTYSEVEN PALMS GARDEN zu gelangen. Hier soll die Bemerkung genügen, wie schwierig es war, das Restaurant nach Tobys komplizierter Beschreibung zu finden, daß wir es aber mit Glück und Intuition, wenn auch auf halsbrecherischen Wegen und von der Rückseite her, erreichten.

Der Name des Lokals war mit Leuchtstoffröhren blau in den Himmel geschrieben, befriedigend erklären kann ich ihn bis heute nicht. Als wir über einen in jeder Hinsicht finsteren Hof, vorbei an einem mit Plastikplanen bedeckten, von unten giftgrün angestrahlten Swimmingpool ins Lokal gelangt waren, trafen wir auf eine demoralisierte Susan, zwei endgültig verstummte Paladine und einen schlafenden Hund. Zugegeben, unser Häuflein mußte wie ein versprengter Trupp aus einer verlorenen Schlacht wirken.Thereses linker Fuß war nicht mehr einsatzfähig, sie wurde von Jane und Margery hereingeschleift, während ich diesem triumphalen Einzug die Türen aufzuhalten hatte. Susan überging Thereses Zustand. Wo war Toby? Wo waren Lowis und Bernadette? Als Überbringer der schlechten Nachricht bekamen wir den Lohn: Verachtung. Stumm ließen wir uns an der langen Tafel nieder, die mitten im Lokal für uns reserviert war, und bemühten uns, die leeren Plätze zu übersehen.

Nun war es fünf vor elf, falls wir wirklich noch essen wollten, sollten wir das jener älteren, kleinen, verhutzelten Frau mitteilen, die ziellos, schien es mir, durch das Lokal huschte und anscheinend die Speisen austrug. Vor unserem Tisch schien sie sich aus irgendeinem Grund zu fürchten, nur Mac mit seinem eindrucksvollen Lockenhaupt hatte einen Draht zu ihr und konnte sie überreden, wenigstens die Speisenkarten an uns auszugeben und Bestellungen für Getränke entgegenzunehmen. Ich hielt den Augenblick für gekommen, meiner Sucht zu folgen und nach einer Margarita zu fragen. Ob sie so etwas hätten. Sure. Ob sie mir eine bringen würde. Certainly.

Natürlich bekam ich niemals eine Margarita, ich bekam ein Bier wie alle, das gute mexikanische Corona

Bier, und dagegen war ja auch nichts einzuwenden. Viel schlimmer war, daß Toby allein kam. No Lowis, no Bernadette, nothing. Something seems to be wrong. Das könnt ihr laut sagen. Also wenigstens etwas essen.

Es schien im Plan der Schöpfung nicht vorgesehen, daß die alte Frau, die am Ende ihrer Kräfte war, noch einmal ihre Aufmerksamkeit auf uns lenken sollte. Schlechten Gewissens machten wir ihr Zeichen, die sie übersah, I think we are invisible, sagte Margery. Und warum auch nicht. Eine schöne Geschichte: Eine Gesellschaft betritt eine Gaststätte und wird im gleichen Moment unsichtbar. Wodurch, das müßte man erfinden, was daraus folgte, auch. Aber konnten entmaterialisierte Wesen einen derart wütenden Hunger haben? Da erhoben sich, wie von einer höheren Gewalt gezogen, Ted und Mac und rechtfertigten glanzvoll ihre Existenz: Sie schnitten der Bedienerin den Weg ab, der sie immer in weitem Bogen um unseren Tisch geführt hatte, sie redeten ihr begütigend zu, nahmen sie in die Mitte und führten sie an unseren Tisch, wo sie eine beträchtliche Zeit brauchte, um achtmal die gleiche Bestellung aufzunehmen: Ein kleines Steak, well-done, und dazu pommes frites. Schließlich verschwand die Frau hinter der Küchentür, nur um nach zwei Minuten zurückzukommen und die gleichen Fragen zu stellen, die wir ihr geduldig noch einmal beantworteten. Dann kam nicht sie, sondern der Wirt selber, ein kleiner, sehniger, dunkelhäutiger Mexikaner, um sich zu vergewissern, daß hier wirklich acht Leute saßen und noch ein Steak essen wollten, er zählte uns mit den Fingern ab, schien mit dem Ergebnis zufrieden zu sein, sagte: Just a moment! und verschwand in seiner Küche. Später gestanden wir uns, daß keiner von uns Lust gehabt hätte, die in Augenschein zu nehmen. Die ehemals weißen Schürzen der Bedienerin und des Wirtes genügten uns.

Jane, die mir gegenüber saß, hatte noch kein Wort gesprochen, seit wir hier eingezogen waren. How are you, Jane? – Thank you, terrible. – Don't worry. – Why not?

Da stand Susan auf und ließ sich von Toby den Autoschlüssel geben. Sie werde Lowis und Bernadette suchen. Aber das war doch Wahnsinn. Aber sie sollte doch wenigstens noch ihr Steak essen. Oder einen der Männer mitnehmen, die sich natürlich alle drei erhoben hatten. Nein. Nein, Susan würde nicht auf ihr Steak warten. Susan würde allein fahren. Susan würde nachsehen, ob die Vermißten sich bei MENTAL PHYSICS eingefunden hätten. In Susans Gesicht war ein Ausdruck, der keinen Widerspruch zuließ. Sie ging und ließ ein Häufchen schuldbewußter Waisenkinder zurück.

Das kann sie, sagte Margery. Aber sie macht es nicht absichtlich. O doch, sagte Jane. Erst schafft sie verworrene Situationen, dann entschließt sie sich zu einer ebenso verworrenen Handlung und läßt jeden, der nichts tut, als Versager erscheinen. Sieben Versager saßen in der Wärme und warteten auf ihr Essen, und die eine Tatkräftige fuhr hinaus in die kalte Mondnacht. Das braucht sie, sagte Therese. Merkt ihr denn nicht, wie sie das braucht? That's true, sagte Margery. Laßt uns auf Susan trinken.

Wir tranken und warteten und schwiegen. Was konnte man tun. Nun, sagte ich mir, immerhin konnte ich tun, was mir bei einer ganzen Menge von Anfechtungen geholfen hatte: Ich konnte mich gründlich umsehen und mir alles, was ich sah, einprägen, als wollte ich es später beschreiben. Wenn diese Gewohnheit Teil meiner Berufskrankheit ist, so gehört sie jedenfalls zu den milderen Symptomen. Wie hatte ich bisher übersehen können, daß wir mitten in eine Filmkulisse geraten waren. Dieses Lokal, das wir später einen trüben Schuppen nennen würden, repräsentierte den Wilden Westen Amerikas. Vielleicht hatte irgendein von Susan bewirkter Zauber es nur für diese eine Nacht mitten aufs freie Feld an den Rand der Wüste und der großen West-East-Mainroad gesetzt, mit seinen winzigen flackernden Glühbirnen an der Decke, mit seinen rohen Holztischen, an denen ein gewiß sorgfältig ausgesuchtes Filmpersonal saß und vorgab, Bier zu trinken, mit seiner halbrunden Bartheke im Hintergrund, an der eine füllige Blondine bediente, die einen unglaublichen Busen vor den begeisterten Männern in Cowboyhüten auf die Theke legte, weil er jeder anderen Stütze offenbar entbehrte. Bei dieser Frau hätte ich mir meine Margerita holen sollen, aber mir fehlte der Mut, mich zwischen diese Männer zu stellen, die zwar laut und tapsig, aber gutartig waren und es sich gewiß zur Ehre angerechnet hätten, dieser Ausländerin eine echte mexikanische Margerita zu spendieren. Man kann nicht alles haben. Reich wurde ich entschädigt durch die Bildergalerie rundum an den Wänden. Ein und derselbe Künstler bot unterschiedliche Motive an, in einer Malweise verfertigt, die im Dritten Reich für Kunst gegolten hatte, zu Preisen, die er womöglich für moderat hielt. Sich aufbäumende Pferde, die von einem kraftvollen Reiter in buntkariertem Hemd und Jeans gebändigt wurden. Landschaften unter dramatischen Gewitterwolken. Vor allem aber, mir direkt gegenüber, das Porträt eines blonden nordischen Mädchens, auf das nur das fast vergessene Wort »hehr« passen wollte. Hundertfünfzig Dollar. Immerhin.

Jane rief mich an: He, woran denkst du. Ich denke, sagte ich, wir befinden uns mitten in einem Krimi. Okay, sagte sie. Wer ist das Opfer?

Zum Beispiel das lebende Modell für jene Lady, sagte ich und zeigte auf das Bild. Alle blickten das nordische Mädchen an und fanden, die hätte es verdient, umgebracht zu werden. Wer aber sei der Mörder.

Im Zweifelsfalle immer ich, sagte Toby. Wenn er Hunger habe, pflege er jede Frau umzubringen, die ihm über den Weg laufe.

Pervers auch noch, sagte Margery, aber Therese behauptete, sie habe dieses girl mit ihrem Klumpfuß erschlagen, doch war es zu offensichtlich, daß sie nur Toby decken wollte. Dieser wiederum konnte sich nicht erinnern, wo er die Leiche versteckt hatte. Da sprangen wieder einmal Mac und Ted ein. Ich muß nicht sagen, wie wenig wir gerade das erwartet hatten, wie wenig wir ihnen irgendeine Spur von Humor zugetraut hatten, aber nun begannen sie sich todernst und lebhaft darüber zu streiten, ob das arme Kind zuerst an Macs Strychnin oder an Teds fulminantem Schlag auf ihren Hinterkopf dahingegangen war. Niedrige Beweggründe, ja, die hätten sie allerdings gehabt, ob man ihnen das nicht ansehe. Aber die seien zu intim, um hier ausgebreitet zu werden. Und nach kurzer Beratung einigten sie sich darauf, daß sie die Leiche in den Swimmingpool hinterm Haus geworfen hätten, wo sie nun sicherlich unter der Plastikplane herumschwamm.

Während wir noch diskutierten, ob wir den Aussagen dieser Mordbrüder glauben sollten, kamen die Steaks, etwas zu stark gebraten, aber dafür mit einer Ananasscheibe garniert, es kam eine neue Runde Corona Bier, die Bedienerin, ganz kühn geworden, fragte hoffnungsvoll, ob alles okay sei, und sammelte großzügige und nur halb erlogene Lobsprüche ein. Susan jedenfalls fand eine muntere Runde vor, als sie eintrat. Ich weiß nicht, ob sie hörte, was Margery sagte: Da kommt ja unsere eifersüchtige Schöne, aber ich bin sicher, jeder von uns versuchte bei sich eine neue Geschichte zu konstruieren, in die dieser Satz paßte wie das Schlußteil in ein Puzzle.

Susan hatte keine Spur von Lowis und Bernadette gefunden, sie hatte eine Nachricht an das Hinweisschild von MENTAL PHYSICS gepinnt, in einem Krimi mitzuspielen hatte sie nicht die mindeste Lust, und ihr Steak, das verbrutzelt und beinahe schwarz war, ließ sie stehen. Es war nun kurz nach Mitternacht. Auf einmal war außer uns niemand mehr im Gastraum, und sowohl der mexikanische Wirt als auch die verhuschte Bedienerin und die großbusige Schöne von der Bar zeigten ungeniert den Wunsch zu schließen. In irgendeiner undurchsichtigen Weise schienen sie verwandtschaftlich zusammenzuhängen, und Therese und ich fragten uns beim Rausgehen, ob wir nicht zu voreilig gewesen waren, den Mörder nur in unserem Kreis zu suchen. Ob nicht jedes Mitglied dieser Belegschaft ein gutes halbes Dutzend Motive gehabt haben konnte, das Mädchen aus dem Weg zu räumen. Oder sie alle drei gemeinsam, schlug Therese vor, während sie, auf meinen Arm gestützt, mühsam neben mir herhumpelte.

Draußen empfingen uns der jetzt unbeleuchtete Swimmingpool und der Mond. Ehe wir uns auf die beiden Autos verteilten, gab Toby die verrückte Devise aus, wir sollten auf entgegenkommende Autos mit nur einem Scheinwerfer achten. Ja doch, wenn's dich glücklich macht, sagte Therese, und dann fuhren wir auf der schnurgeraden Straße nach Westen, durch die immer gleichen Ansammlungen von drei, vier Häusern, die sich um eine Tankstelle gruppierten, durch einen größeren Ort, von dessen Hauswänden und Dächern uns geisterhaft die Werbeschriften anstrahlten, PIZZA HUT und SEVEN UP und MCDONALD'S, auch hier konnte man also leben, die Leute schliefen, nur wenige Autos kamen uns entgegen – darunter eines, das ganz eindeutig nur einen Scheinwerfer hatte. Im Rückspiegel sahen wir hinter uns Toby in kühner Kurve die Straße queren. Los! schrien wir. Go ahead!, da war auch Jane schon auf der Gegenseite, da begann die Verfolgungsjagd. Nun war es klar, wo wir das Mörderpärchen zu suchen hatten. MC-DONALD'S, SEVEN UP, PIZZA HUT, wieder flog die Werbung an uns vorbei, der weiße Cadillac wollte sich nicht ohne weiteres ergeben, aber er war ein Typ älterer Bauart, das traf sich gut, schon überholte ihn Toby mit blinkender Lichthupe, schon setzten wir uns hinter ihn und zwangen ihn schließlich zu halten. Ach, ihr seid das, sagten Lowis und Bernadette. Wir dachten schon, wieder die Polizei. Allerdings, sagten wir. Mordkommission. Gestehen Sie den Mord an dem Mädchen. Leugnen ist zwecklos.

Mir ist bewußt, daß mir niemand diese story glauben kann. Ich gebe aber zu bedenken, daß unser aller Phantasie, zusammengetan, nicht ausgereicht hätte, sie zu erfinden. Soviel in Kürze: Nachdem die beiden, wie wir es uns gedacht hatten, an der Kreuzung falsch abgebogen waren, hatte natürlich die Verkehrspolizei ihr Auto wegen des fehlenden Scheinwerfers aufgebracht und sie zur Polizeistation gelotst, wo sie alle ihre Papiere vorlegten, einen

Kaffee bekamen und mit der Ermahnung entlassen wurden, nicht etwa noch eine weitere Nacht mit dem Scheinwerferdefekt zu fahren, der sich nicht so leicht beheben ließ. Und den Namen des Restaurants, in dem sie sicher ihre Freunde finden würden, hatte man ihnen auch genannt. Na? fragten wir ungläubig. Twentyseven Palms Garden, sagten beide. Und dahin seien sie nun, nachdem sie sich noch mehrmals verfahren und allerdings auch ein Sandwich gegessen hatten, mit immer noch unerschüttertem Vertrauen unterwegs. Siehst du, sagte Therese leise zu mir. Das ist Kalifornien. Verstehst du jetzt, was ich meine.

In stolzer Dreierkolonne gelangten wir um ein Uhr nachts auf das Gelände von MENTAL PHYSICS und erfuhren von der ganz veränderten Susan, daß wir jetzt, um diesen schönen Abend gebührend ausklingen zu lassen, ein Lagerfeuer entzünden würden. Alle Vorrichtungen waren in dieser idealen Unterkunft vorhanden, die einem Camp eher glich als einer bürgerlichen Herberge, im treuen Mondlicht fanden wir die Sandkuhle, an deren Grund ein Steinring mit schwarzer Asche war und deren Rand einen natürlichen Sitzkreis bildete. Trockenes Holz fand sich im Gelände, Mac und Ted schienen passionierte Feuerwerker zu sein, in weniger als zehn Minuten prasselte das kleine Vor-Feuer, aus dem sich mit Hilfe kunstvoll geschichteter Holzscheite das eigentliche Lagerfeuer schnell entwickelte. Rotwein war auch noch da. Bis heute begreife ich nicht, warum unsere Stimmung, anstatt mit dem Feuer aufzuschießen, nach einem übermütigen Anfang in sich zusammensackte, denn daß wir müde waren, reicht als Erklärung nicht. Vielleicht erschienen uns Susans Versuche, die Lustigkeit anzufachen, übertrieben.

Vielleicht riß das Band, das uns zusammengehalten hatte, und wir fielen in eine Vereinzelung zurück, in der uns das Hochgefühl des Tages wie eine klägliche Selbsttäuschung vorkam. Zwar saß Therese an Toby gelehnt und hatte ihr schmerzendes Bein auf eine Kissenrolle gebettet, aber ihrer beider Haltung wirkte gezwungen. Ich argwöhnte, Toby habe endlich den Mut gefunden, ihr zu sagen, daß er es in der Stadt nicht mehr aushielt. Daß seine Wohnung schon leergeräumt war. Daß er auch seine kunstvoll aus feinen Hölzchen gearbeiteten Hausmodelle, nach denen niemand bauen wollte, in Kartons gepackt und bei Freunden untergestellt hatte. Daß es ihn nach Mexiko zog, wo er wieder einmal einen neuen Anfang versuchen wollte.

Die Marshmallows, die Margery auf Stöckchen steckte und ins Feuer hielt, verbrannten und schmeckten über die Maßen abscheulich, Susan konnte sich die Bemerkung nicht verkneifen, daß sie sich Margery nicht als Wirtin eines mexikanischen Restaurants vorstellen konnte, weder in Berlin noch sonstwo. Wir schwiegen. Ein Überdruß breitete sich aus, den wir voreinander zu verbergen suchten. Ich war in Janes Anblick versunken. Ihr kraftvolles Profil vor dem Feuer, ihre blonde Mähne, in Schlangenwindungen gekräuselt, ihre kräftige Figur, die vertrauenerweckenden Hände. Sie fing meinen Blick auf und setzte sich zu mir, außerhalb des Lichtkreises. How are you? sagte Jane. Ich fragte: Heute? Oder überhaupt? Ich weiß nicht, wie es mir geht. Mir ist, als sondere ich ein Ferment ab, daß alle Gewißheiten zersetzt, wenn ich mich ihnen nähere. Jane lächelte. Hast du etwas dagegen, wenn ich dich fotografiere. Ich habe auf einmal wieder Lust dazu.

Nicht sie, Margery hatte mir von ihren jüdischen Eltern erzählt.

Woran denkst du? fragte Jane.

An deine Eltern, sagte ich. Sie schwieg.

Mein Vater, sagte sie dann, hat vor dem Krieg schon eine Familie gehabt, eine Frau und zwei Kinder. Die haben das Lager nicht überlebt. Nach dem Krieg hat er in einem Sammellager meine Mutter getroffen. Sie sind zusammengeblieben. Mein Vater hat sich immer schuldig gefühlt. Ich habe immer gedacht, daß er in mir seine tote erste Tochter gesucht hat. Er hat mich nicht annehmen können. Mühsam habe ich lernen müssen, daß ich es verdiene zu leben. Sichtbar zu sein. Die Fotografie hat mir dabei geholfen.

Ich ging.

In meinem Zimmer immer noch diese Grabeskälte. Die elektrische Wärmedecke funktionierte natürlich nicht. Um meine Gedanken nicht hören zu müssen, sprach ich laut mit mir selbst in unflätigen Wörtern über die Mängel des Quartiers. Ich breitete die dünne Decke des zweiten Bettes über meine eigene dünne Decke und legte meine Lederjacke darüber. Ich wusch mich flüchtig und vermied den Blick in den Spiegel. Zitternd kroch ich unter meine Decken. Jetzt bin ich aber müde, sagte ich beschwörend zu mir selbst. Jetzt will ich aber wirklich nichts als schlafen. Ich hörte mich denken: Trostlos. Trostlos das Ganze. Ich schlief sofort ein.

Nachts kam ungerufen wieder die Begleiterin meiner Träume, Angelina, die schwarze Frau, die in meinem Hotel die Zimmer saubermachte. Sie bewegte sich mit mir durch Berlin, das ihr genauso vertraut zu sein schien wie Los Angeles. Zwielicht, November. Die Szene kommt mir bekannt vor. Kerzen brennen, die viele Menschen in den Händen tragen, sie rufen rhythmisch: Kei-ne Ge-walt! Es ist der erfüllte Augenblick, ich weiß es sogar im Traum. Nur scheint jene Schaltstelle in meinem Kopf, die den Herzrhythmus reguliert, nicht zwischen den verschiedenen Arten von Streß unterscheiden zu können, der Rhythmus entgleist, das Herz rast.

Ich hatte Angst, tastete um mich, wußte nicht, wie mein Bett stand, wo ein Lichtschalter zu finden wäre, brauchte Minuten, um mich zu orientieren, ertastete endlich die Lampe über dem Bett, schaltete sie an. Vier Uhr. Meine Lederjacke war vom Bett gerutscht, ich fror. Das Herz wollte nicht aufhören zu rasen. Hier gab es weder ein Telefon noch einen Arzt, ich mußte mir selber helfen. Ich probierte alle Tricks aus, die ich kannte, umsonst. Ich verbot mir, mich aufzuregen. Es ist unangenehm, aber daran stirbt man nicht. Ich werde nicht weiter darauf achten. Ich werde mich auf die rechte Seite legen, die Decken um mich feststopfen und mein Herz zu überlisten suchen. Na gut, sagte ich zu ihm. Mach du, was du willst, ich jedenfalls schlafe. Gleich fühlte ich mich besser, mir wurde warm. Ich schlief ein.

Ein grandioser Morgen. Als ich in die Sonne trat, früh um acht, saßen die meisten von uns schon auf dem Rand der Feuerstelle und tranken Kaffee aus Riesenbechern, die Therese und Toby geholt hatten. Margery brachte Grapefruits, ich Kekse, ein veritables Frühstück. Wir erzählten uns unsere Träume und ließen aus, was wir nicht erzählen wollten. Jane sagte gar nichts. Wir würden noch einmal an den Ort zurückkehren, den wir gestern im Dunkeln besucht hatten. Würden die Palmenoase heute sehen. Würden in ihrer feuchten Kühle Rast machen. Würden wieder auf Susan, die beiden erneut verstummten Paladine und den verrückten Hund Rolly warten müssen. Bevor aber dies alles geschehen konnte, mußten Lowis und Bernadette uns mit ihrem Erscheinen beglücken, aber das taten sie nicht, und es fand sich niemand, der den traurigen Mut gehabt hätte, sie zu wecken. Ich schwor mir, daß ich nie wieder auf einen Trip gehen würde, an dem diese beiden teilnahmen, und auf der Rückfahrt gaben Jane und Margery zu, sich dasselbe geschworen zu haben. Therese hatte sich wegen ihres bösen Fußes in den größeren Wagen zu Toby setzen können, und Susan war ohne ein Wort zu Lowis und Bernadette ins Auto geschlüpft, die ausgeschlafen und glücklich und mit dem besten Gewissen der Welt zur Feuerstelle gekommen waren, unsere Andeutungen und vorwurfsvollen Mienen nicht einmal verstanden und ohne zu fragen die letzten Bananen aßen. Immerhin hatten wir die Genugtuung, daß Rolly der Hund sie ausdauernd verbellte, bis Bernadette sich zu ihm hinunterbeugte, ihr langes blauschwarzes Haar auf die Erde fallen ließ und den Hund streichelte, woraufhin der sich auf den Rücken rollte, alle viere von sich streckte und sich das Bauchfell kraulen ließ.

Der Anblick war umwerfend, sagte Jane, auch Margery gab es zu. Man konnte Lowis verstehen. War nicht überhaupt er es gewesen, der diesen Mondscheinausflug aufgebracht hatte? Wißt ihr noch, als wir in der Sonntagsglut, die uns wie eine Keule getroffen hatte, nach dem Gottesdienst in der schwarzen Gemeinde aus unseren Autos gekrochen und beinahe verdurstet eine dieser endlosen Straßen langgeschlichen waren? Wie da plötzlich, wie von Susan herbeigehext, ein blaues Türchen in der flimmernden weißen Mauer aufgetaucht war? Das kleine italienische Restaurant, der schattige Hof, als wir eintraten? Eistee, ein Labsal, wie durch Zauberhand vor uns auf den Tisch gestellt?

Wir erinnerten uns. Wie könnte man das vergessen. Aber wußten wir auch noch, was wir gesprochen hatten? Gespräche schienen aus dem allerflüchtigsten Stoff zu sein, flüchtiger noch als manche Gedanken. Wir hatten über Gott und die Welt geredet. Oder genauer: über Gott und den Teufel. Wann sich des Menschen Tun und Denken in »Gut« und »Böse« aufgespalten habe. So daß er Opfer gebraucht habe, Menschenopfer. Die Frage war von Jane gekommen. Und war es nicht Toby gewesen, der wissen wollte, wie man denn in unseren aufgeklärten Zeiten das begeisterte Opfer so vieler junger Männer erklären sollte, für ein Phantom, das sie Vaterland nennen? Ja, Toby, sagte Margery. Wußtet ihr, daß er im Vietnamkrieg den Wehrdienst verweigert hat? Und Lowis? Der grauhaarige Philosoph? Der plötzlich ganz wild wurde? Der sich Eurokommunist nannte und das Vorrücken des Kapitalismus auf der ganzen Welt beklagte?

Dich hab ich an dem Nachmittag zum erstenmal gesehen, sagte ich zu Jane.

Toby wollte einen versteckten Sinn darin sehen, daß immer die materiellen Werte über die geistigen siegen. Ob uns die Geschichte dadurch nicht eine Botschaft übermitteln wolle, die wir nicht bereit seien zu verstehen. Susan aber, nach mir die Älteste in dem Kreis, mit dem heftigen Bestreben, jung zu sein und dazuzugehören, Susan meinte, wir hätten gut reden. Gehörten wir nicht zu jenem Bruchteil der Menschheit, der ein gutes Leben führe, gerade auch materiell. Und wie könnten wir über die Bedürfnisse der großen Masse von Menschen urteilen, die sich wünschten, was wir schon hätten? Meinten wir nicht, daß der Mensch genetisch sowieso auf materielle Werte programmiert sei?

Wahrhaftig, das hatte sie gesagt, Susan, und jetzt fiel uns auch wieder ein, wie aus dem Tumult, der auf diese Frage folgte, aus dem Gelächter und Geschrei plötzlich ihre Idee fix und fertig geboren wurde: Sie, Susan, wollte mit uns allen beim nächsten Vollmond in die Wüste fahren.

So war es gewesen, versicherten wir uns. Dann schwiegen wir, müde. Vor uns endlich Los Angeles unter seiner Smogglocke. Am Abend riefen wir uns gegenseitig an und teilten uns mit, daß wir Kopfschmerzen hatten. Susan aber fragte, ob wir es sehr shocking gefunden hätten, daß nicht alles ganz so geklappt hatte, wie wir es uns vorgestellt haben mochten. Wir sagten: Aber nein. Es war doch alles okay. Wir haben es sehr genossen.

Wirklich? sagte Susan. Dann könnten wir doch bald zusammen auf die Insel Catalina fahren.

1999

III

Er und ich
(nach Natalia Ginzburg)

Gerüchte, die mir über ihn zugetragen wurden, ehe wir uns kannten, besagten: Er ist ein Spötter; er ist zynisch; man kommt nicht an ihn heran; er hat keinen Familiensinn.

Von mir sagte man ihm, wie er später zugab: Sie ist Klassenbeste; sie ist streberhaft.

Beide kamen wir, aus unterschiedlichen Gründen, zu spät zum Studium. Ein Mädchen von der Art, die ihm immer auf die Nerven gingen und noch heute auf die Nerven gehen – naiv, etwas zudringlich – bereitete mich auf sein Erscheinen vor (sie bewunderte ihn) und machte uns miteinander bekannt. Als ich ihn zum erstenmal sah – es war auf der Treppe zur Mensa der Jenenser Universität –, trug er eine dunkelblaue Luftwaffenhelferhose, unten mit einer hellen Schnur zugebunden, und eine graublaue Luftwaffenhelferjacke. Bei Kälte und Wind stülpte er sich eine ballonartige Baskenmütze auf, die sein kleines, blasses Gesicht vollkommen zum Verschwinden brachte und zog einen viel zu weiten und zu langen dunkel gefärbten Mantel über, der ebenfalls aus einem Uniformstück stammte. Ich trug ein braunes Kleid mit feinem Nadelstreifenmuster und den damals modischen ›Glockenrock‹, der im Winter sehr unvorteilhaft unter meiner weißen Manteljacke hervorkam, die aus der Decke eines Krankenhauses geschneidert war, in dem ich einmal gelegen hatte, und die deshalb so kurz ausfiel, weil wir den Randstreifen, in den groß die Initialen des Krankenhauses eingewebt waren, hatten abschneiden müssen.

Er besitzt nicht viel Garderobe und wehrt sich zu meinem Ärger zumeist erfolgreich dagegen, ein neues Stück zu kaufen. Dagegen geht er mit mir in Geschäfte und überwacht meine Anproben von Kleidungsstücken, die mich meist unglücklich machen, weil die Spiegel mir den Abstand zwischen dem Wunschbild von mir und der trüben Wirklichkeit kraß entgegenschleudern. Immer bin ich unschlüssig und neige zu Angstkäufen, die er durch ein kategorisches »Nein!« verhindert, wogegen er den Kauf anderer Stücke, die »zu mir passen«, ebenso kategorisch betreibt. Auf diese Weise bin ich auch in dieser Hinsicht, wie in mancher anderen, von seinem Urteil abhängig geworden und versuche nach Kinderart aus dieser Abhängigkeit auszubrechen, indem ich manchmal, wenn ich alleine bin, aus Trotz ein Kleidungsstück kaufe, von dem ich weiß, daß es ihm nicht gefallen wird. Tagelang wage ich dann nicht, es ihm zu zeigen, dann lese ich seinem Gesicht sofort das vernichtende Urteil ab und trage es meistens nicht.

Mir gefällt alles, was er sich kauft, weil ich seiner sporadisch aufflackernden Kauflust auch nicht die Spur von Widerstand entgegensetzen will. So kauft er sich gleich zwei fast gleiche Hosen nach dem Muster einer älteren, dritten, die sich bewährt hat. Er trägt Oberhemden, die er sich vor zehn Jahren in Oberlin, Ohio, »für zwei Dollar« gekauft hat und trauert diesem Typ Hemd, der vom Erdboden verschwunden ist, aufrichtig nach. Er trägt Schuhe, die er in London vor ebenfalls zehn Jahren gekauft hat. Er hat sich in der Schweiz einen Cordstoff gekauft, weil er sich seit langem eine bestimmte Art von Cordanzug wünschte, läßt ihn sich arbeiten, zieht den Anzug einmal an, merkt, daß er »viel zu schwer« ist, und verschenkt ihn. Auf dem Lande hat er seine Sachen in drei nur mäßig gefüllten Schubladen und sträubt sich gegen jedes Stück, das dazukommen soll. In der Stadt können ihn plötzlich Skrupel überfallen, ob er, zum Beispiel zum Empfang in irgendeiner Botschaft, »passend angezogen« ist. Dann kann er zu einer bestimmten Jacke verschiedene Hosen anprobieren und verlangt mein Urteil darüber zu hören, das ihn aber meistens verstimmt.

Ich sehe mir gerne und gründlich Schaufenster an, brauche lange für jedes Fenster, er übersieht mit einem Blick, was los ist, und treibt mich weiter: Komm, komm, hier ist doch nichts. Er ist in allen Dingen ungeduldig. Er stellt sich niemals irgendwo an. Er wartet auch nicht. Meist läuft er in der Stadt einige Schritte vor mir her und hat, wenn ich ankomme, alles schon gesehen. Von dieser Regel weicht er auch in Ausstellungen und Museen nicht ab, besonders dort nicht. Er läuft zuerst durch alle Säle, »sich einen Überblick verschaffen«, dann kommt er zu mir zurück, die ich an den einzelnen Bildern klebe, um mich auf die »schönsten« oder »interessantesten« Ausstellungsstücke hinzuweisen. Daß ich sie für mich selbst würde entdecken wollen, kommt ihm nicht in den Sinn. Eine Abmachung, sich nicht einzumischen, würde er »albern« finden und nicht einhalten: Er kann sich nicht vorstellen, wie beeinflußbar ich durch sein Urteil bin. Er ist nicht beeinflußbar.

Er hat mich, vor vielen Jahren, in die bildende Kunst eingeführt, mir die Augen für Malerei geöffnet. Eingeholt habe ich ihn mit meinen Kenntnissen und meiner Sensibilität für dieses Gebiet der Kunst bis heute nicht. Er kennt und erkennt Maler, die ich nicht erkenne, obwohl wir sie schon einmal in einer Ausstellung zusammen gese-

hen haben. Er erinnert sich an einzelne Bilder, auch
daran, »wo sie hingen«. Ich vergesse das meiste, erinnere
mich nur an einen Gesamteindruck. Er ist meine Aus-
kunftei für alles, was Malerei betrifft.

Übrigens auch für das große Gebiet der Dichtung, in
dem mir, als wir uns vor fast vierzig Jahren kennenlernten, beinahe nur Goethe und einiges von Rilke vertraut
waren, während er schon belesen und eingeweiht war und
in dem er nun – ich weiß nicht recht, wieso, da er sich
Kenntnisse niemals systematisch erwirbt – einfach Bescheid weiß. Gedichte liest immer er zuerst. Viele Dichter, viele Gedichte habe ich kennengelernt, indem er mir
das Buch vorhielt und mir beim Lesen über die Schulter
sah: »Lies das mal. *Ist* das gut?« Differenziert äußert er sich
nur schreibend darüber, unter Qualen, bis er, nach manchen Verhedderungen, endlich ›den Punkt getroffen‹ hat.

Vielleicht hängt mit seinem Gedächtnis für Bilder sein
untrügliches Gedächtnis für Gesichter zusammen, das
leider nicht mit einem ebenso phänomenalen Namensgedächtnis gekoppelt ist. Wie oft höre ich ihn in einem
Restaurant, auf der Straße, in irgendeiner Menschen-
ansammlung vor sich hinmurmeln: Den (oder die) hab
ich doch schon mal gesehen. Das Gesicht kenne ich
doch. – Nun kommt er von der Frage, wann und wo er
das Gesicht schon gesehen hat, nicht mehr los, und er ist
erst erleichtert, wenn der dazugehörige Name ihm einfällt: Ihm, niemals mir. Obwohl er mich, da er durch
langjährige negative Erfahrung nicht klug wird, zu meiner Qual inständig bedrängt: Erinnerst du dich nicht!
Du mußt ihn (oder sie) doch auch kennen!

Auch für Stimmen hat er ein erstaunliches Gedächtnis,
angeblich »aus seiner Rundfunkzeit«. Bei ausländischen,

synchronisierten Filmen erkennt er unfehlbar die Stimmen der deutschen Sprecher. Ich muß, auf sein Geheiß, die Augen schließen, mir den von ihm identifizierten deutschen Schauspieler vorstellen (wenn ich überhaupt weiß, wie er aussieht!), mir seine Stimme anhören und kann dann vielleicht bestätigen: Richtig! Das ist er. – Oder ich tue so, als hätte ich ihn erkannt.

Um das gleich anzufügen: Auch sein Orientierungssinn ist bemerkenswert. Wo er einmal gewesen ist, findet er ›blind‹ wieder hin. Wie oft sind wir in halbfremden Städten herumgefahren oder in fremden Vierteln der eigenen Stadt, auf der Suche nach einer Adresse, ich, ziemlich hilflos den Stadtplan auf dem Schoß, er, zunehmend verärgert über meine Unbrauchbarkeit als Wegweiser, schnuppernd: Hier war ich doch schon mal. Hier in der Gegend muß es sein. Er fährt dann ›nach Gefühl‹ weiter und bringt uns sicherer an den gesuchten Ort als mein für mich unentschlüsselbarer Stadtplan. (Dabei soll nicht unerwähnt bleiben, daß er eine Rechts-Links-Schwäche hat, die er aber leugnet und hinter vertrackten Erklärungen versteckt. Er sehe das Ganze eben »anders herum«, behauptet er, wenn er wieder einmal »rechts« gesagt hat und links gefahren ist.)

Ich bin orientierungslos, wenn man mich, selbst an einem bekannten Ort, dreimal um meine Achse gedreht hat. Diese Tatsache verhilft ihm zu einem Alibi für seine aufreizende Sorge, wenn ich »mit dem Auto unterwegs« bin. Lieber verschwendet er seine Zeit, um mich zu fahren. Dutzende von Malen fuhr er mich irgendwohin, wo ich lesen mußte, saß im Publikum und hörte sich, ebenfalls zum dutzendsten Mal, eine Stelle aus einem meiner Bücher an, folgte stumm der Diskussion, plauderte anschließend, wenn ich ausgelaugt und todmüde bin, mit den Veranstaltern, lehnte jeden Tropfen Alkohol ab und fuhr mich, schweigend, im Dunkeln nach Hause, die Niedergeschlagenheit respektierend, die mich zumeist nach Veranstaltungen überfällt (ihn übrigens nicht, bei seinen Veranstaltungen). Wie »es gewesen« ist, weiß ich erst, nachdem er es mir, übrigens schonungslos, gesagt hat.

Seit ich ihn kenne, lernt er nur, was ihm Spaß macht, während ich gewohnt war, auch für Prüfungen zu lernen. Zu meiner Überraschung (und heimlichen Empörung) erwartete er während des Studiums trotzdem in Prüfungen die gleiche Note, die ich – nach redlicher Vorbereitung! – bekam. Ich war entgeistert über die Unlogik in seinem Anspruch, er fing an, mir meine Zensur vorzuwerfen, wir stritten uns. Mir kommt es jetzt so vor, als sei dieser erste Streit der einzige geblieben, der aus einer Konkurrenz entstand. Ich gewöhnte mich daran, daß wir uns – hauptsächlich durch sein Verhalten – in einem konkurrenzlosen Raum bewegten. Jahrzehnte nach diesem ersten Jahr, jeder von uns hatte die ›Strecke‹ gefunden, die er bearbeitete, auch die Rollen, die wir nach außen spielten, hatten sich verfestigt – kam nach einer Rede, in der ich unter anderem den Verlust des weiblichen Anteils in der Geschichte beschworen und beklagt hatte, eine ältere Kollegin ganz aufgelöst zu mir: wie ich derartiges in Gegenwart meines Mannes habe sagen können, ohne befürchten zu müssen, daß er sich gemeint, angegriffen und verletzt fühlen könnte. Erst da kam mir zum Bewußtsein, daß es eine solche Gefahr überhaupt geben könnte und daß ich die Radikalität meiner Formulierungen nicht hatte bremsen müssen, weil ich sicher sein konnte, daß er sich nicht getroffen fühlen würde. Der weibliche Anteil in seinem

Wesen und Verhalten, der männliche Anteil in meinem Wesen und Verhalten haben die scharfe Trennung unserer Rollen nach Geschlechtern unmöglich gemacht. Und außerdem: Er kann von sich absehen. Er ist gerecht.

Natürlich ist er verletzbar, aber das wissen wohl nur wenige, die ihn gut kennen. Er macht es niemandem leicht, ihn gut zu kennen, weil er persönliche Mitteilungen scheut. Man muß andere Zeichen wahrnehmen. Er hatte früh Grund, sich ein Abwehr- und Sicherheitssystem aufzubauen, auf das ich traf, als wir uns kennenlernten. Verschlossenheit. Schweigen. Ironie. Er hat mir Lust gemacht, in dieses System einzudringen, den Code zu entschlüsseln.

Auch ich bin verletzbar, was er mir am liebsten, da er sich für alle meine Verletzungen verantwortlich fühlt, verbieten würde. Meinen Anspruch auf Offenheit, ›Ehrlichkeit‹, meine naive Hoffnung, ›ohne Panzer und Maske‹ leben zu wollen, ›mit offenem Visier‹, habe ich unter schweren, von heute aus gesehen: kindischen Schmerzen abbauen müssen. Mühsam mußte ich lernen – ich glaube, hauptsächlich von ihm –, daß ich denen, die mich mit Lust verletzen, nicht auch noch gefallen wollen kann. Es macht ihn kaum etwas so wütend, wie ein Rückfall von mir in dieses Beschwichtigungssystem des Gefallenwollens. Seine Vorwürfe wehre ich ab, indem ich ihn des Irrtums bezichtige, der Sinnestäuschung, bis er so wütend ist, daß er schwört, er werde »von jetzt an überhaupt nichts mehr sagen«. Ich aber weiß, wie gering die Gefahr ist, daß er diesen Schwur hält.

Andererseits: Ich finde ihn in der Hitze des Gesprächs jetzt manchmal offenherziger als mich. Was wiederum er bis zum letzten bestreitet. Aber er läßt sich hinreißen, gibt

Informationen und Meinungen preis, die ich, berechnender, zurückhalte.

›Diplomatie‹, ›Höflichkeit‹ sind für ihn Fremdworte. Er kann jemanden mitten in seiner Rede unterbrechen, weil er gar nicht hingehört, sondern seinen eigenen Gedankenfaden gesponnen hat, man sieht es übrigens seinem Gesicht immer an. Er spreizt sich nicht, und man kann sich vor ihm nicht spreizen. Mein Hang, ein wenig vom Boden abzuheben, wird durch seinen nüchternen Blick kupiert. Er kann sich nicht verstellen, hat die Techniken des Beschönigens und Belügens nicht gelernt. Wenn er nicht loben kann, wo es dringlich erwartet wird, schweigt er. Aber leider kann er auch nicht loben, wo er durchaus positiv gestimmt ist. Schwer habe ich mich selbst daran gewöhnen müssen, oft habe ich mich öffentlich darüber beklagt, oft und oft habe ich versucht, wenigstens für andere ein Lob aus ihm herauszukitzeln. Vergeblich. »Wenn ich mich mit seinen (ihren) Sachen beschäftige, muß er (sie) doch wissen, daß ich was davon halte.« – Überhaupt kümmert er sich nicht darum, ob er Erwartungen entspricht. Ich schon. Er muß nicht gefallen (allerdings baut er dauerhafte Brücken zu Leuten, die ihm fühlbar Sympathie entgegenbringen). Er kann auch jemandem, der ein Gegenpol zu ihm ist und ihm nicht unbedingt Sympathie entgegenbringt, gerecht werden: Hauptsache, er schätzt dessen Arbeiten. Er ist neidlos. Von eigenen Gefühlen, auch denen der Verletztheit, kann er absehen. Dies gelingt mir schwerer.

Die Gegenstände, über die wir im Verlauf der Jahrzehnte die meiste Anzahl von Stunden geredet haben, bei Tag und bei Nacht, in der Reihenfolge der Häufigkeit: Der Sozialismus – als Phänomen, als Ideal und wie er

›bei uns‹ praktiziert wird; ein realistisches Bild haben wir uns herbeigeredet; das endlose Erörtern der Politik und Kulturpolitik ›der Partei‹, unser Verhältnis dazu. Einst sprachen wir darüber in inständigem, tief beteiligtem Ton, dann fragend, zweifelnd, ungläubig, verzweifelnd, kritisch, spöttisch, sarkastisch, niedergeschlagen, schließlich immer mehr resignierend. Allmählich verstummen wir. Zu diesem Thema gibt es immer weniger zu sagen. Es ist alles gesagt.

Eine Einfügung: Ich bin sicher, daß wir die gleiche Anzahl von Stunden bei der Lektüre von Zeitungen, beim Anhören von Radionachrichten und beim Ansehen politischer Sendungen im Fernsehen verbringen. Trotzdem bringt er es fertig, zuverlässige Informationen zu speichern, über Regionen, die mir undurchschaubar bleiben, wie zum Beispiel die arabische Welt. Er kann mir auf Befragen Politiker, deren Standpunkte, die Haltung bestimmter politischer Bewegungen und andere Zusammenhänge aus diesen Regionen nennen. Überhaupt stellt sich bei bestimmten Anlässen heraus, daß er eine ganze Anzahl begründeter politischer Ansichten abrufbereit mit sich herumträgt und daß er weit weniger oft als ich von Wunschdenken oder von Schwarzsehen geprägten Anwandlungen unterliegt. Eigentlich gar nicht, wollte ich schreiben, da fiel mir rechtzeitig ein, wie oft er sich mit erwartungsfrohem Gesicht vor die Tagesschau setzt: Na? Endlich mal wieder ein Politiker geplatzt?

Unsere zweite Themengruppe: Andere Menschen. Vor allem natürlich: Kinder und Kindeskinder. Es hat sich so ergeben, daß von uns beiden ich für das schier uferlose Gebiet ›Psychologie‹ verantwortlich bin, nicht unanfällig für seine wechselnden Lehren und Moden, ausgesetzt sei-

nen Verdikten, bedürftig nach seinen Tröstungen – wogegen er (vielleicht gerade deshalb) sich eher dagegen sperrt,
undenkbar wäre in der Praxis eines Psychologen oder als
Objekt einer Seelenanalyse. So folge ich in unseren Unterhaltungen über neue oder alte Bekannte oftmals Pfa-
den, die meine Kenntnis psychologischer Literatur mir
vorgibt; er kann diesen Ausführungen im günstigen Fall
durchaus interessiert zuhören, manchmal sogar Schlüssen
zustimmen, die ihn überraschen oder ihm einleuchten.
Oft aber kommt dann ein kurzes Urteil von ihm, das
nun wieder mich in seiner Schärfe – im Doppelsinn des
Wortes – überrascht. Er beurteilt Menschen (wie Bücher
und andere Kunstwerke) nach dem ›ersten Gefühl‹. Er irrt
sich selten, besonders darin, ob jemand ›echt‹ ist. Sein
Urteil ist oft unverblümter, als ich es wünsche oder wahrhaben will. »Die ist aber vollkommen zu«, sagt er von einer Funktionärin, die ich »ganz sympathisch« finden will.
Damit hat er seins gesagt. Ich kann nun noch Gründe für
ihr Verhalten zu bedenken geben, er kann diese Gründe
bis zu einem gewissen Grad für stichhaltig halten, aber ich
sehe, er nimmt sie nicht wirklich an. Vor bestimmten un-
getreuen, berechnenden, hinterlistigen, andere schädi-
genden Verhaltensweisen ist er, glaube ich, so von Grund
auf gefeit, daß er es nicht nötig hat, andere durch Erklärungen dafür zu entschuldigen. Da ich dringend für mich
Entschuldigungen brauche, brauche ich sie auch für andere. Und manchmal bin ich insgeheim schadenfroh,
wenn er jemanden schonungslos beurteilt, und baue nur
zum Schein eine Verteidigung auf, um ihn weiter in sein
Gegen-Plädoyer hineinzutreiben. Ob er meine Taktik
durchschaut, weiß ich nicht. Er benimmt sich mir gegenüber niemals taktisch.

Das Dauer-Gespräch über ›die Kinder‹ unterliegt, selbst für diese Aufzeichnungen, dem Gebot der Diskretion. Nur soviel: Er hat mich – oder ich habe mich – in die Rolle eines Mittelsmannes gedrängt. Es hat sich so ergeben – bei dieser neutralen Formulierung möchte ich bleiben –, daß die Töchter ihre Probleme, falls und solange sie es wollten, mit mir besprachen; daß er dann wiederum scharf darauf war, von unseren Unterhaltungen alles brühwarm und möglichst im Wortlaut zu erfahren, um ungehemmt seine Kommentare, Gefühlsäußerungen, Urteile und Ratschläge abzugeben, die nun wiederum ich, mehr oder weniger stark gefiltert, an die Töchter zurückzuliefern habe. Ein nicht unbedenkliches System, störanfällig, wie sich gezeigt hat, aber wie auch die Töchter in unterschiedlicher Stärke dagegen aufbegehren – in den letzten Jahren hat sich erwiesen, wie schwer es uns beiden fällt, an diesen Strukturen etwas zu ändern.

Unser dritter Themenkreis: Literatur. Damit zusammenhängend: Unsere eigene Arbeit. Auch dieser Punkt erforderte eine eigene Abhandlung. Wenn neue Bücher ankommen – natürlich besonders, wenn es eigene sind –, packt er sie aus, reißt die Zellophanhüllen ab, hockt sich irgendwohin und blättert sie durch. »Neue Bücher sind was Schönes.« Wenn von einem neuen Buch von mir nur ein Signalexemplar kommt, kriege ich es fürs erste nicht zu sehen, er bemächtigt sich seiner, dreht und wendet es in den Händen, begutachtet den Schutzumschlag, den Klappentext, das Schriftbild, liest darin herum, findet womöglich die ersten Druckfehler, schließlich sagt er zusammenfassend: »Nicht schlecht.« Oder: »Ist doch ganz gut geworden.« Schon fällt er seine ersten Urteile, manchmal nur durch ein Knurren, durch hingeworfene Sätze:

»Der ist auch überschätzt.« Oder: »Modisch. Das hält sich nicht.« Oder: »Mein Gott, ist das schwach.« Solche Bücher liest er dann nicht, kann aber über sie reden, besonders, wenn ich sie gelesen und ihm davon erzählt habe. Zu meiner Empörung kann er so tun, als kenne er sie selbst. Gern begeistert er sich an Büchern und beklagt, daß ihm das immer seltener vergönnt ist. (Nach den Gedichten, die er mir vorlas, war merkwürdigerweise eines der ersten Bücher, die nicht zum Germanistik-Programm gehörten, das wir gemeinsam lasen, jeweils eine Nacht hindurch, und über das wir endlos redeten: *Arc de Triomphe* von Remarque ...) Seine Urteile über Bücher sind wie die über Menschen: Schnell, zupackend, meist das Wesentliche treffend und von persönlichen Zu- oder Abneigungen gegen den Autor unberührt. Ich muß mein Urteil manchmal gegen solche Gefühle durchkämpfen, vor allem aber wird dieses Urteil mit den Jahren immer unsicherer, am liebsten würde ich alles gut oder wenigstens ›begabt‹ finden. Er gibt mir Bücher und verlangt, daß ich sie lese, möglichst bald, hält es aber nicht aus, mich unbeeinflußt zu lassen, brockenweis wirft er mir Teil-Urteile hin, erklärt dann, diesmal wolle er mal »gar nichts« sagen. »Lies mal erst selbst.« Wundert sich, wenn ich manchmal lange nicht an das Buch herangehe: »Also manchmal bist du wirklich komisch.« Wenn ich kleinlaut damit herausrücke, daß irgend etwas in seiner Vorankündigung mich vor dem Buch gewarnt hat, fällt er aus allen Wolken: Aber er habe doch überhaupt nichts gesagt! »Du hast gesagt, der P. schildere schonungslos die schlimmen Zustände, unter denen diese afrikanischen Frauen leben müssen. Das kann ich halt im Augenblick nicht lesen.« – »Also du bist manchmal wirklich sehr komisch, findest du nicht?« – Ich kann Bücher nicht nur ›anlesen‹. Ich lese zeitweise, anfallartig leidenschaftlich gern gute Krimis, die er nicht lesen kann: Sie langweilen ihn. Ich bestelle nach dem Vorankündigungsdienst Dutzende von Büchern, er verzweifelt an der Masse der Kartons, die er dann abholen und ins Auto laden muß: »Wer soll das je lesen? Wo sollen wir die hinstellen?« Anscheinend habe ich das Gefühl, etwas Unwiederbringliches zu verpassen, wenn ich all diese Bücher nicht kaufe. Oft gehe ich suchend an den Regalen entlang: Nichts zu lesen da ... Das passiert auch ihm. Die Masse unserer Lektüre überschneidet sich. Dann gibt es abseits dieser Masse je einen Randstreifen von Gedrucktem, für den nur er oder für den nur ich zuständig bin: Er für die ganze Lyrik (die ich immer noch durch ihn vermittelt bekomme), für experimentelle Literatur, Sprachexperimente, für den Expressionismus, Preußisches – ich für die Psychologie, ›Frauenliteratur‹, was immer das ist, Mythologie, für die Antike, Soziologie, und, wie gesagt, für Krimis.

Tollkühn, es zu unternehmen, über das Verhalten des jeweils einen von uns zur Arbeit des jeweils anderen auch nur andeutungsweise zu schreiben, ließe ich es aber aus, fehlte das Herzstück unseres Zusammenlebens. Natürlich hat sich dieses Verhalten im Verlauf der Jahrzehnte verändert – wie beinahe alles sich verändert hat. Früher zum Beispiel las er die ersten Seiten einer neuen Arbeit von mir, sobald sie aus der Maschine kamen, und entmutigte mich durch seine meistens zutreffende, niemals kompromißbereite und niemals nach psychologisch-taktischen Gesichtspunkten dosierte Kritik. Wegen meiner »Überempfindlichkeit« änderten wir das Verfahren – eine Überempfindlichkeit, an der sein tausendmal wiederholter

Satz: »Aber ich tu dir doch nichts« leider nichts ändern konnte. Nun trug – und trage – ich eine ›Idee‹ lange mit mir herum, glaube, sie völlig geheimzuhalten, um sie im Schutz des absoluten Schweigens ausbrüten zu können und bin dann überrascht, wieviel er schon davon weiß, wenn ich die ersten Bemerkungen darüber fallen lasse; vor allem kennt er meine eigene Absicht genauer als ich selbst, auch meine Möglichkeiten und Grenzen, und treibt – behutsam, das hat er doch gelernt – die wilde Herde meiner ungezügelten Einfälle in eine bestimmte Richtung, erlaubt ihnen großzügig, immer wieder nach allen Seiten hin auszubrechen, ohne sein Ziel aus den Augen zu verlieren, bis auch ich anfange, dieses Ziel zu sehen. Immer noch hüte ich mich aber, zu früh etwas von den hinter den ›Absichten‹ rumorenden geheimen Motiven preiszugeben, die ja der eigentliche Antrieb zum Schreiben und so leicht irritierbar sind. Auch er übergeht diese Motive mit Stillschweigen, ganz so, als gäbe es sie nicht. Bis mir ein Blick, ein Wort, ein maliziöses Lächeln, ein beiläufiger Nebensatz verrät: Er kennt sie, und er wird keine Ruhe geben, bis sie zwischen den Zeilen meines Textes auftauchen (ohne Rücksicht übrigens darauf, ob er selbst, die mit mir lebende Person, in diese unbeeinflußbaren Schreibmotivationen verwickelt ist). Dann werden wir uns erstmal streiten, dann wird er wieder eine Zeitlang schweigen, und ich werde meine Seiten umgedreht auf den Schreibtisch legen, mutig, entmutigt, euphorisch, verzweifelt Massen von ›Anfängen‹ produzierend. Eines Abends wird er sagen: »Ich glaub, jetzt hast du's. Es läuft.« Er wird stoisch meine Beschimpfungen wegen seiner Indiskretion über sich ergehen lassen und sich von jetzt an den Kopf über einen Titel für mein ›Geschriebenes‹ zerbrechen, den er über kurz oder lang meist auch findet. Ich wiederum werde das Manuskript nicht aus der Hand geben, ehe nicht er es genehmigt hat – ich wüßte nicht, woher ich sonst den Mut dazu nehmen sollte; seine Zustimmung gibt mir in der Phase totalen Zweifels jene Sicherheitszone, auf die ich mich im Notfall immer zurückziehen kann. Der Notfall tritt ja meist auch ein, in Form von Angriffen oder vehementen Kritiken – er wird mir nicht erlauben, meine Verletztheit darüber zu zeigen. Man wisse doch, wer das schreibe, und warum: Solle mir das nicht endlich genügen! – Es genügt nicht, ich leide, möglichst ohne mich dazu zu bekennen, er merkt es, wütet stumm, verteidigt mein Buch nach außen gegen jedermann, vor allem gegen mich. Er weiß viel besser als ich, wann und wo meine Arbeiten veröffentlicht wurden, wer, wann und wo etwas über sie geschrieben hat und wo ich zu suchen habe, wenn ich eine dahingehende Anfrage beantworten will. Er kennt die manchmal verzwickte Vertragslage bei manchen Arbeiten, ich nicht. – Einer seiner wenigen und, wie er behauptet, kalkulierten Wutausbrüche richtete sich gegen einen Mann, der ein Manuskript von mir nur nach einschneidenden Änderungen zum Druck genehmigen wollte. – Ein Pamphlet eines hochgestellten Kollegen gegen mich hat er, ohne es mich lesen zu lassen, vor mir versteckt – so gründlich, daß er es nun selber nicht mehr findet.

Mein Anteil an seiner Arbeit besteht darin, daß ich in regelmäßigen Zeitabständen die Vielzahl der Projekte beklage, in die er sich verstrickt und aus denen er die Flucht nach vorn antritt, um ein ganz neues Projekt plötzlich aufzugreifen und daran zu arbeiten. Wenn ich, immer noch gemäßigt, aber doch mit deutlicher Kritik, auf jenes

Groß-Projekt zu sprechen komme, an dem er jahrelang gearbeitet hat und das nun in vielen Aktenheftern ungedruckt daliegt – unter anderem auch deshalb, weil er nicht energisch genug gegen säumige Verlage, Lektoren und andere Mitarbeiter vorgegangen ist, reagiert er gereizt. Mein Anteil an seiner Arbeit besteht auch darin, daß ich sofort erschrocken und angestrengt nachzugrübeln beginne, wenn er, eine Manuskriptseite in der Hand, streng »ein anderes Wort für . . .« ›Voraussicht‹, zum Beispiel, von mir hören will; daß mir dieses »andere Wort« fast nie einfällt, während er mich herausfordernd über seine Brille ansieht, weil mein Gehirn blockiert ist (wie mir auch Namen, Straßen und so weiter nicht einfallen, wenn er mich danach fragt). Daß ich, manchmal mit Zagen, sein Manuskript noch im Entstehen Abschnitt für Abschnitt lesen muß, wobei er mir gern über die Schulter sieht und, mehr oder weniger heftig, meine vorsichtigen Einwände gegen gewisse Satzkonstruktionen kontert, allerdings immer den Satz ändert, wie sehr er auch eben noch behauptet haben mag, er wolle ihn aber so. In dem fertigen Manuskript erlaube ich mir, oftmals zu seinem Ärger, falsche oder fehlende Kommas zu korrigieren.

So lange ich über unser Miteinandersprechen schreiben möchte – auch unser Stillschweigen verdiente eine Abhandlung für sich. Oder nur diesen Satz. Denn über die allerwichtigsten, das heißt: innersten Angelegenheiten kann man mit ihm in einer glücklichen Stunde nur in Andeutungen reden, niemals »diskutieren«. Ihn umgibt eine Aura von Unausgesprochenem und Unaussprechlichem. Mögen manche das für Unnahbarkeit, Unberührbarkeit, sogar für Hochmut halten. Es ist Scheu.

Übrigens: Er sucht nicht nur Wörter. Er sucht, und

zwar immer häufiger, auch anderes: Adressen, die er sich beim Telefonieren auf winzige Zettel notiert und dann verlegt. Briefe, besonders gern solche von Behörden. Hin und wieder sogar eines der zahlreichen Manuskripte von jungen Autoren, die bei ihm herumliegen. Von seiner Brille sollte ich gar nicht erst reden; es handelt sich ja übrigens nur um eine Halbbrille, goldumrandet, die ihm vorne auf der Nase sitzt und über deren oberen Rand er mich nachdenklich, mit seinem Archivarblick, anzusehen pflegt. Diese Brille sucht er durchschnittlich zweimal am Tag sehr intensiv und unter Inanspruchnahme aller Personen, die gerade in der Wohnung sind. »Hat einer eine Ahnung, wo meine Brille sein kann?« – die Frage legt unverzüglich jede andere Tätigkeit lahm. Zwar ist meine emotionale Anteilnahme an seinem Unglück nur vorgetäuscht, nicht aber meine Beteiligung an der Suche. Die Brille kann sowohl auf seiner Nase, in seiner Hemd- oder Hosentasche, auf seinem Schreibtisch oder auch an entlegenen Orten sein: Herzlich gerne oben auf einem Schrank, im Badezimmer, im Auto. Jüngst fand ich sie, noch ehe er sie vermißt hatte, bei der Pflaumenernte im Unterholz unter einem Pflaumenbaum. Dort allerdings hätte sie eine Chance gehabt, für immer und ewig zu verschwinden. Nach solchen Vorfällen sagt er regelmäßig: »Man müßte sie sich wirklich mit einer Kette um den Hals hängen.« – Dies ist einer seiner unzähligen »Man müßte«-Sätze, die ihre Verwirklichung nie und nimmer erleben werden. Sein häufigster »Man müßte«-Satz während der Arbeit an einem Aufsatz: »Das müßte man noch mal genauer untersuchen.«

Er ist ein Zögerer. Er kann, was ihm gegen den Strich geht, lange vor sich herschieben. Ich könnte auch sagen:

Er ist ein Meider. Er meidet, was ihm mißfällt oder zu mißfallen droht, zum Beispiel jene Vorhaben, die er »schleifen läßt«. Aber es fängt beim Telefonieren an – er vermeidet es, zu telefonieren, überläßt es mir (wonach er mich ungeniert wegen meiner »Telefonmanie« verspottet) oder faßt sich so kurz und abweisend, daß der jeweilige Anrufer sich das nächste Telefonat überlegen wird. Seine Hauptworte am Telefon sind »Ja« und »Nein«. Er meidet Ämter, die überläßt er, wenn möglich, auch mir (wofür er mich allerdings *nicht* verspottet; er weiß wohl, Ämter gehören auch nicht zu meinen Leidenschaften). Seine Aktivität in Handwerkerkreisen bei der ausgedehnten Bautätigkeit, zu der wir, ganz gegen unser Wesen, mehrmals gezwungen waren, hat er sich strikt anerzogen. Aber er meidet Personen, die ihm zuwider sind oder ihn einfach anöden. Er meidet auch die, die ihn einmal enttäuscht haben. Man kann nicht sagen, daß er ›nachtragend‹ ist. Aber ein Mensch, der ihn einmal enttäuscht hat, kann nicht wieder in den ›inneren Kreis‹ gelangen.

Die Ausnahme bin ich.

Mir übrigens unterläuft es, daß ich die Perfidie von Leuten vergesse – ich glaube nicht, weil ich großzügig, sondern vermutlich, weil ich nachlässig bin und weil es bequemer ist. Er erinnert mich dann an frühere Ereignisse, in denen diese Personen ihr wahres Gesicht gezeigt haben. »Wie kannst du dem (oder der) wieder freundlich die Hand geben«, kann er mich fragen, besonders in solchen Fällen, wo er die Perfidie des anderen nicht versteht, wo er meint, er (oder sie) habe sie doch nicht nötig gehabt. Vielleicht habe ich von innen her mehr Erfahrung damit, was einer – oder eine – »nötig haben« kann.

Eine seiner Grundstrategien ist es, wegzugehen. Mit

ihm unzumutbaren Verhältnissen und Zuständen – zum Beispiel in einer Institution, in der er gearbeitet hat – setzt er sich nicht auseinander. Er geht weg. Er provoziert keine Konflikte – er geht weg. Ich werde krank, ziehe mich zurück, zögere den Moment des endgültigen Bruches hinaus. Er bricht die Brücken ab.

Er meidet Orte, die böse oder niederdrückende Erinnerungen in ihm wecken oder an denen er sich nicht wohl fühlt. Er vermeidet es, an diesen Ort – zum Beispiel eine eben verlassene Wohnung; ein Haus, das abgebrannt ist – noch weiter zu denken. Oft zahlt er Fersengeld, nimmt materiellen Verlust in Kauf, damit er sich schneller absetzen kann.

Ich denke lange an verlassene Orte (oder Menschen, besonders an solche, die *mich* verlassen haben), ich lebe weiter in ihnen oder wiederhole in Gedanken oder Träumen das Leben, das ich in ihnen führte oder nicht führen konnte. (Ich nehme meine Träume ernst, suche sie zu behalten, erzähle sie, schreibe sie auf. Er erzählt viel seltener einen Traum und schreibt nie einen auf. Er führt nicht Tagebuch wie ich, es genügt ihm, daß ich es tue. Solche Erscheinungsformen des seelischen Exhibitionismus hat er allmählich ganz auf mich übertragen. Ich brauche sie, er braucht ihre Brechung in mir und durch mich.)

Was nicht zu ihm paßt, das tut er nicht, und er hat es nie getan. Nie war er gefährdet durch eine selbstzerstörerische Bindung an Macht, Autorität – wie ich. Schon als Kind hat er Hierarchie- und Machtstrukturen gemieden, das Alleinsein vorgezogen. Er reagiert empfindlich gegen jeden Zugriff in seine innere Sphäre. Ein Mechanismus ist in ihn eingebaut, der ihn daran hindert, sich in destruktive Verhältnisse hineinzubegeben.

Als wir uns kennenlernten, war dieser Mechanismus bei mir beschädigt. Immer wieder geriet ich in jenen Jahren in die Gefahr, zu tun, »was ich eigentlich nicht wollte,« was nicht zu mir paßte. An seinen Reaktionen konnte – und kann – ich das Näherkommen dieser Gefahr immer zuverlässig ablesen, etwas in mir war durch sie angreifbar. Er mußte mit ansehen, wie ich mich, nicht blindlings zwar, aber zu schwach, um mich wirksam zu wehren, in die Gefahr hineinziehen ließ, bis fast zur Selbstvernichtung. Ihm ist es vor allem zu danken, wenn ich nicht darin umkam. Er hat mich nicht begleitet, aber auch nicht im Stich gelassen. Wenn ich ihn wieder brauchte, war er da, gab mir Boden unter die Füße durch sein unbestechliches Urteil. Allmählich hat sich mein eigener Abwehrmechanismus gegen diese Art von gefährlichen Versuchungen regeneriert. Er hat Geduld gehabt.

Er ist bedingungslos treu. Meine Treue ist Anfechtungen ausgesetzt.

Zwar hängt auch er Idealen an, aber er ist viel weniger abhängig von abstrakten Ideen als ich (es war). Er bleibt mit den Füßen auf dem Teppich. Was nicht bedeutet, daß er sich nicht engagiert, im Gegenteil: am liebsten engagiert er sich für bestimmte Leute und deren Talent, dem er »zum Durchbruch« verhelfen kann. Er ist dafür gemacht, begabte jüngere Leute aufzuspüren, ihre Manuskripte zu lesen und mit ihnen daran zu arbeiten, sie dann im Verlag und in der Öffentlichkeit mit durchzusetzen. Dies ist eine Tätigkeit, in der er aufgehen kann, seine allerliebste Beschäftigung. Er ist ganz er selbst, indem er andere in ihrer Eigenart hervortreten läßt. Wenn sich in unserer Wohnung die jungen Leute, Aktendeckel mit Manuskripten unter dem Arm, ablösen wie in einem Taubenschlag, reibt er sich vor Wohlbehagen die Hände. Köstlich kann er sich über die Manieren und Marotten der verschiedenen Generationen von Talenten amüsieren. (»Man müßte eigentlich das alles mal aufschreiben.« Ach, man müßte!) Er wäre der ideale Leiter eines kleinen Verlags für zeitgenössische Literatur. Daß die Zeitumstände ihn daran hinderten, seine Lebensbestimmung ganz zu verwirklichen, erträgt er nicht schmerzlos, aber ohne groß Aufhebens davon zu machen, was er »übertrieben« finden würde. Das ist seine Form von Bescheidenheit. Er meidet alles »Übertriebene«, die Exaltationen im Höhen- und Tiefenbereich, er kann sie an anderen schätzen als Zeichen und Stigma ihres Talents. Sich selbst nimmt er ernst, aber nicht so wichtig, während ich mich wichtig nehme und leide, wenn mir der Weg zu dem, was ich für meine Bestimmung halte, verlegt zu sein scheint.

Wenn er in einer Arbeit wirklich ›drin‹ ist, versinken um ihn Ort und Zeit. Unsere Stimmen dringen nicht zu ihm durch, er sitzt dann – die Finger in der Schwebe über der Tastatur der Schreibmaschine – mit einem ganz bestimmten, unmutig-konzentrierten Gesichtsausdruck da.

Ich verliere auch beim Arbeiten nie den Kontakt zur Außenwelt. Seit es die Kinder gibt, ist meine Konzentration nicht mehr so tief, daß nicht Geräusche aller Art zu mir durchdringen würden. Ich bin ablenkbar durch ein Gespräch im Nebenzimmer. Ich höre jedes Telefonklingeln. Ich weiß immer, wie spät es gerade ist.

Er ist ein ›Schubarbeiter‹, kann in den ›Zwischenzeiten‹ offen faulenzen, lesen, kochen, andere Dinge tun, ohne Gewissensbisse. Seine vielfältigen Verpflichtungen scheinen alle auf einer unsichtbaren Kreislinie um ihn herum zu lauern, während er sich unbekümmert in dem so geschaffenen Freiraum bewegt und erholt. Dann kommt der nächste Schub, er stürzt in die Arbeit und sieht oder hört für Tage und Wochen nur sie. Neben ihm auf der Erde stapeln sich die abgeschriebenen und weggeworfenen Seiten – er kann nicht auf einer Seite weiterschreiben, auf der er korrigiert hat. Aus dreißig Seiten filtert er fünf heraus. »Der Papierverbrauch!« sagt er selber. Aber handschriftliche Notizen kann er sich so gut wie nicht machen, weil er selbst nach ganz kurzer Zeit seine Schrift nicht mehr lesen kann. Was bedeutet das – diese unleserliche Schrift? – Er braucht nicht unbedingt Erfolgs- und Wirkungsaussichten. Zunächst befriedigt ihn der Arbeitsvorgang an sich und das, was er »herausfindet«.

Mit weniger Verzweiflung als ich – ja, eigentlich mit selbstverständlichem Gleichmut – nimmt er die vielen Abhaltungen auf sich, die das Leben mit sich bringt – eben weil sie das Leben mit sich bringt. Er schickt sich drein. Ich begehre dagegen auf, immer wieder, empfinde sie als Verschleuderung »kostbarer Arbeitszeit«, ohne daß ich die vorhandene Arbeitszeit dann wirklich nutzen würde. Wenn ich nichts tue, rede ich mich auf irgendwelche obskuren »Lähmungen« heraus, die ich mich scheue, schlicht und einfach ›Faulheit‹ zu nennen. Ich kann mir nur selten wirklich freigeben – für einen Ausflug, für einen Tag rein körperlicher Arbeit –, merke dann, wie sonst der Arbeitsdruck auf mir lastet. Ich brauche Krankheiten, um mich aus diesem Druck und der Verwicklung in Probleme und Konflikte hin und wieder freizumachen. Im Gegensatz zu ihm mache ich für eine neue Arbeit Berge von handschriftlichen Notizen, Entwürfe, oft über Jahre hin. Schon sie erfüllen manchmal die entlastende Funktion, die das Schreiben (auch) für mich hat, vorausgesetzt, daß es mir gelingt, in die Nähe der zentralen Ursachen für meine Schuldgefühle zu kommen.

Diese Schuldgefühle sind für ihn ein Gegenstand ständigen Kopfschüttelns. Daß ich mich leicht in Frage gestellt fühle, mein Selbstgefühl schwankend ist, kann er immer wieder nicht glauben, er reagiert auf jeden neuen Beweis mit heftigen Vorwürfen oder er zwingt sich dazu, mir objektive Gründe dagegen vorzuhalten. Meist enden solche Dispute mit seinem resignierenden Satz: »Aber vielleicht brauchst du das alles, um schreiben zu können. Na, dann bitte sehr.«

Wieso denke ich manchmal, daß in unserer Beziehung er, der doch scheinbar stärker an mich gefesselt ist als ich an ihn – er beschäftigt sich mehr mit meinen Angelegenheiten als ich mit seinen; er verbringt viel Zeit für mich, undsoweiter – daß also trotzdem er mehr Freiheit genießt als ich? Wieso habe ich öfter das Gefühl, daß ich ihn um Erlaubnis fragen, oder auch, daß ich ihm etwas verheimlichen muß? Vielleicht gerade, weil er für alle meine Belange eine Instanz geworden ist, sich um fast alles kümmert, kritisiert, wenn ich etwas will, was er für unnötig oder zu belastend hält – womit er oft recht hat. Ich mische mich in seine Angelegenheiten viel weniger ein, was natürlich auch bedeuten kann, daß sie mich nicht so stark beschäftigen wie ihn die meinigen. Ich bin abhängig von seinem Urteil, von seiner Zustimmung, und dann rebelliere ich hin und wieder gegen diese Abhängigkeit. Er bringt es fertig, mir bestimmte Artikel aus dem Einkaufskorb in der Kaufhalle wieder herauszunehmen – davon hätten wir noch genug zu Hause. Meine Entrüstung versteht er nicht, ist beleidigt. In vielen »inneren Angelegenheiten« ist seine Meinung ausschlaggebend: Wie die

Wohnung eingerichtet wird; was gekocht wird; welches Auto gekauft wird – alles Entscheidungen, die ich, hauptsächlich wohl aus Bequemlichkeit, zunehmend ihm überlassen habe.

Scheinbar ein Widerspruch: In meinen Bestrebungen nach Autonomie kann ich mich immer auf ihn stützen.

Kochen ist eine seiner Lieblingstätigkeiten, die er sich ungern streitig machen läßt. Mir, die ich puritanisch erzogen bin, hat er den Genuß am Essen – und nicht nur am Essen – beigebracht. Man muß ihn sehen, wenn er einen guten Fisch zubereitet, ihn dann auf den Tisch bringt. Oder wenn er einen guten Wein kostet, oder, in fremden Städten, in guten Restaurants die Speisekarte studiert. Lange kann er über die besonderen Gerichte reden, die wir irgendwann einmal irgendwo gegessen haben. Aber er genießt ebenso ein einfaches Gemüsegericht, eine gebackene Kartoffel. Sehr gerne kocht er für viele, er strahlt, wenn er einer größeren Tafelrunde seine gute Leberknödel- oder Fischsuppe auftun kann. Ein Mensch, der gerne bei uns ißt, ist ihm sympathisch. Mit Freuden kauft er entweder nur für uns oder für ganze Tafelrunden ein.

Kritisch wird es, wenn wir zusammen kochen. Ich bestehe darauf, ein Gericht ohne seine Einmischung zu kochen – so wie Kinder, die sonst bevormundet werden, darauf bestehen können, etwas ›alleine‹ zu machen. Er kann sich der Einmischung nicht enthalten, die ich mir dann verbitte. Das ärgert ihn. »Man wird doch noch mal was sagen dürfen!« sagt er verstimmt. Und: Immer beim Kochen streiten wir uns. – Tief erstaunt hört er sich meinen Vorwurf an, er mache mich ›unselbständig‹.

Ich glaube, die meisten Menschen bringe ich ins Haus

(seine Verbindung zu Menschen geht meist über die Arbeit). Er neigt nicht dazu – von wichtigen Ausnahmen abgesehen – diese Beziehungen allzu persönlich werden zu lassen, aber wenn er diesen Menschen zugetan ist, integriert er sich in die Beziehung, die ich angefangen habe. Es werden dann Freundschaften zu dritt. Ausgeschlossen ist es für ihn, freundschaftliche Beziehungen zu Menschen aus konventionellen Gründen zu pflegen, meine Versuche, ihn in diesem oder jenem Fall dazu zu bewegen, sind immer gescheitert.

Ungemein gerne bewegt er sich in der Natur, beobachtet Tiere (»Na, sind meine Rehe wieder da?«), verfolgt den Flug der Vögel mit dem Fernglas, streift im Wald umher (in dem er sich auskennt, während mir jedes Jahr wieder alles neu und fremd ist), sucht für sein Leben gerne Pilze. Ich kenne seit meiner Kindheit vier Sorten und bin nicht fähig, mir die Merkmale jener Sorten zu merken, die er außerdem kennt. Er sieht in weitem Umkreis jeden Pilz, sogar vom Auto aus. Ich starre auf den Fußbreit Boden vor mir und finde selten etwas. Freude an Gartenarbeit hat er mir, erst spät, übermittelt. Auf unzähligen Spaziergängen haben wir miteinander geredet oder geschwiegen, immer sieht er dabei mehr als ich. Er hat andere Augen.

Als wir uns kennenlernten, war er ein Skiläufer. Ohne Bedenken schleifte er mich auf für mich viel zu anstrengenden Touren durch die thüringischen Wälder. Dagegen hat er ein gestörtes Verhältnis zum Wasser, zum Schwimmen. Ich dagegen fühle mich im Wasser wohl und schwimme gern. Seine Vorliebe für das Mittelgebirge hat er im Lauf der Jahre aufgegeben zugunsten unserer gemeinsamen Vorliebe für das mecklenburgische Flachland, seinen Abwechslungsreichtum, seine großen Himmel.

Warum hat er gar keine Lust zu fotografieren? Warum habe ich dagegen Hunderte von Familien- und Reisefotos gemacht?

Aber überraschend hat er eine merkwürdige Vorliebe für neues technisches Gerät entwickelt. Triumphierend beobachtet er das Aufblinken und Erlöschen der elektronischen Kontroll-Lämpchen beim Starten des neuen Autos, das er, ebenfalls triumphierend, nicht oft genug als »guten Reisewagen« bezeichnen kann. (Übrigens, zum Thema Autofahren: Meist ist er unterwegs mit dem Fahren selbst beschäftigt, konzentriert sich auf die Radarfallen der Verkehrspolizei, deren Standorte er sich merkt und vor denen er entgegenkommende Fahrer durch Blinksignal warnt. Ehrlich entrüstet ist er, wenn an ungewohnter Stelle eine solche Falle aufgestellt ist, er mit überhöhter Geschwindigkeit gefahren ist und sich einen Stempel einhandelt. Mich läßt er nur im Notfall fahren, und so fahre ich denn auch: Notfallartig. Er ist immer bestrebt, schnell ans Ziel zu kommen, ich könnte lange einfach so durch die Landschaft fahren, neben ihm sitzen und singen – immer dieselben Lieder. *Glück auf, Glück auf, der Steiger kommt,* oder: *Spaniens Himmel breitet seine Sterne.* Manchmal singt oder summt er mit.)

Mit Genuß, so als habe er selbst diese Technik erfunden, nimmt er Fernsehfilme auf Videokassetten auf. Kauft eine neue Waschmaschine mit einer Reihe von Funktionen, mit denen ich kaum fertig werde. Dasselbe Lächeln der Genugtuung, wenn seine neue kleine halbelektronische Schreibmaschine eine von ihm geschriebene Zeile ›selbsttätig ausdruckt‹. Der gleiche neu erwachte und mir etwas unheimliche Trieb bringt ihn dazu, einen Radio- und Musikturm anzuschaffen, der Geräte enthält, die wir kaum je benutzen werden. (»Aber die alte Schallplatte ist doch überholt! In ein paar Jahren wird es sowieso nur noch die Disks geben!«)

Ich verstehe von keinem dieser Geräte – mit Ausnahme der Waschmaschine – etwas und weigere mich, ihre Bedienung zu erlernen. Ich habe seit Jahren eine elektrische Schreibmaschine und glaube nicht, daß mir ein Computer bessere Sätze entlocken würde. Aber natürlich wächst die Zahl der Funktionen im eigenen Haushalt, die ich nicht ausüben kann.

Trauer ist etwas, was er mir ungern zugesteht. Auch ich möchte ihn nicht traurig sehen – Aber ist er es je? Aufgebracht, besorgt, wütend, verletzt, verschlossen, enttäuscht sehe ich ihn, auch angeschlagen, müde, blaß, erschöpft – aber traurig? Oder voller Angst? Seine Trauer und seine Angst hält er in der innersten Kammer seines Gemüts unter Verschluß – das hat er früh gelernt. In jener Kammer, in der sich seine Empfindlichkeiten und Allergien zusammenbrauen. (Zum Beispiel seine Allergie gegen Katzen, die aus Anlaß einer Katze ausbrach, an der er hing – wie wir alle. Oder seine Blütenstaub-Allergie, die losbricht, wenn die Natur ihm besonders nahe ist.) Viel, viel später, manchmal nach Jahren, kann er aussprechen, was er in einem bestimmten Augenblick, in einer bestimmten Phase empfunden hat. Vorher könnte man es ihm nicht entlocken – nicht mit Hebeln und mit Zangen. – Manchmal, wenn er unter Druck steht, bekommt er Schmerzen einer schwer zu bestimmenden Art, an denen er selbst jedesmal aufs Neue herumrätselt: Kommen sie von der Wirbelsäule oder etwa – wie damals in jenen gräßlichen Wochen in Amerika – vom Zwölffingerdarm? Ich liebe es nicht, wenn er sich dann ausdauernd auf bestimmte

Körperstellen drückt, dagegen bin ich froh, wenn er sich aufs Heizkissen legt, das bei ihm fast alles heilt. »Wärme ist immer gut.« (Nur nicht, kann ich ihn jetzt widerlegen, bei Blinddarmentzündung. Das gibt er freimütig zu.) Sein Nervensystem stelle ich mir als ziemlich feines Gespinst vor. Obwohl er ›eigentlich‹ sensibler ist als ich, wird er seltener krank. Schwer, schwer, für ihn einen Arzt zu finden, der Verständnis ausstrahlt, ohne ihm zu nahe auf den Leib zu rücken. Lieber bleibt er unbehandelt.

Dicht neben jener innersten Gemütskammer hausen die Gefühle für seine Enkelkinder – allerdings nicht so fest verschlossen wie jene anderen. Wenn er mit Jana telefoniert, mit Benni über Michael Jackson diskutiert, mit Helene Märchen liest oder mit Anton »durchs Gelände sträucht«, kann man ihm alles vom Gesicht ablesen. »Die sind schon gut.« Hat er zu mir nie gesagt. In unseren ersten Jahren habe ich ihm bestimmte Bekenntnisse entlocken wollen, manchmal mit Erpressung oder fast mit Gewalt. Das Äußerste, wozu er sich verstieg, waren Sätze wie: »Aber das weißt du doch,« oder, von mir besonders verabscheut, auf eine gewisse, wiederholte Frage, ein beiläufiges: »Warum denn nicht!« Er geht hin und nimmt mir unangenehme oder zu schwere Arbeiten ab. Er legt mir die besten Stücke auf den Teller – von Gerichten, die er gekocht hat. Er sammelt Hände voll Brombeeren für mich. Er gibt mir beim Pflaumenentsteinen das beste Messer. Er schält mir Äpfel. Mixt mir einen Campari. Er knackt mir frische Nüsse und zieht das bittere Häutchen ab, ehe er sie mir gibt.

Weil wir fast nie getrennt sind, schreiben wir uns keine Briefe. Ist dies ein Ersatz dafür?

1998

Herr Wolf erwartet Gäste und bereitet
für sie ein Essen vor

Also, sie haben fest zugesagt.

Wann kommen sie denn?

Nächsten Freitag.

Freitag ist immer günstig, da ist Markt. Kannst du dich erinnern, was sie das letzte Mal bei uns gegessen haben? Nein? Wär aber gut. Du führst doch sonst über alles Buch. Man kann den Leuten doch nicht immer dasselbe vorsetzen.

Also am Freitag kann man auf dem Markt frischen Fisch kriegen, wenn auch der Holländer mittwochs noch besser ist. Da würde ich mich ausnahmsweise sogar mal anstellen – auch wenn da manchmal dreißig Leute stehen. Nicht nur, weil seine Ware wirklich frisch ist. Der macht moderate Preise pro Stück. Der muß ganz früh losfahren, damit er mittags hier ist.

Das versteh ich sowieso nicht, daß hier in der Nähe kein Fischladen aufmacht. Haben die Angst, daß sie kein Geschäft machen? Das glaub ich nicht. Das gefrorene Zeug in den Supermärkten ist doch scheußlich. Oder du mußt eben zum »Metro« fahren, das ginge natürlich auch, das können wir noch überlegen. Da ist die Auswahl enorm.

Also was würde ich da am besten nehmen. Lachs ist immer gut, in Scheiben, gegrillt, dazu Reis, Salat, schönes Süppchen vorneweg, Rote Grütze hinterher – fertig. Aber findest du das nicht auch ziemlich langweilig? Am liebsten würde ich ja mal eine Fischpfanne machen, drei, vier verschiedene Fische, aus Köpfen und Gräten und Suppengemüse einen schönen Fischfonds herstellen, darin dann die Fischfilets kurz köcheln lassen, das kannst du mit Aioli machen, sogar mit Paprika, das ist ganz dir überlassen, und dazu frische Baguette, was meinst du. Ja?

Da müßten wir dann wirklich zum »Metro« fahren, Fisch ist dort ja auch nicht gerade billig, aber das hilft ja nichts. Und da könnte man auch gleich ein bißchen Kaviar mitbringen für die Vorspeise. Und Aioli gibt's dort auch, da müßte man nicht extra ins »Lafayette«.

Aber Kaviar und Fisch – das ist zuviel Fischiges, findest du nicht. Da könnte man als Vorspeise auch diese Röstbrot-Ecken mit klein gehackten Tomaten in Basilikum und Knoblauch reichen, oder? Aber nein – schon wieder Knoblauch, das geht auch nicht.

Dann eben auf alle Fälle einen schönen gemischten Salat mit einer guten Vinaigrette. Da würden wir als Grundlage ganz frischen grünen Salat nehmen, dazu die kleinen Strauchtomaten, das sind die besten, ganz feine Fenchelscheibchen reinschneiden, vielleicht sogar ein paar von den kleinen dunklen Oliven dazu geben, etwas Gurke. Vielleicht sogar ein paar Blättchen Rucola.

Oder ganz einfach Feldsalat, das kann sehr edel sein. Von dem guten Olivenöl haben wir wohl noch. Walnußöl könnten wir auch nehmen, das ist ja für Feldsalat ganz wunderbar. Balsamico, Salz, Pfeffer. Ganz wenig Senf, muß aber nicht sein. Je reiner, desto besser. Höchstens ein paar Crevetten über das Ganze gestreut. Oder, was noch besser wäre: vorsichtig gebratene Geflügelleber auf Feldsalat. Ein Gedicht.

Aber zur Begrüßung werden wir doch erst mal einen Prosecco reichen, was meinst du. Und was dazu? Da stell ich einfach ein paar Sardellenschnittchen hin. Ach wo, das wird nicht zuviel, das ist doch nur ein Häppchen, damit der Prosecco nicht direkt auf den hohlen Magen trifft.

Und zum Nachtisch? In Desserts sind wir nicht besonders gut, findest du nicht auch. Da müßten wir uns noch ein paar Rezepte angewöhnen. Die ewige Rote Grütze geht ja auch nicht immer. Und Zitronencreme machen wir nicht mehr wegen der vielen Eier. Und Mousse au Chocolat hat einfach zu viele Kalorien. Bei den Empfängen gibt es ja immer noch Torte zum Kaffee, aber das finde ich übertrieben. Ein paar gute Biscuits müssen wir natürlich da haben.

Also wenn uns nichts Besseres einfällt, machen wir einfach einen Obstsalat, mit einem kleinen exotischen Schlenker. Äpfel, Orangen, Pampelmuse, Kiwis, Papaya, Ananas. Das wäre übrigens auch eine Idee: Einfach eine Ananas als Dessert. Die soll ja sogar Enzyme haben, die bei der Verdauung helfen. Bloß da muß man beim Einkaufen höllisch aufpassen. Wenn man Pech hat, ist die Frucht außen vollkommen in Ordnung und innen braun. Am Ende hat man sich darauf verlassen, und sie ist nicht brauchbar. Da müßte man doch ein paar andere Früchte in Reserve haben für einen Obstsalat.

Na das sieht doch eigentlich schon ganz gut aus.

Längere, unter Umständen tagelange Pause

Also noch mal wegen dem Essen. Mit der Fischpfanne, da bin ich mir doch nicht so sicher. Weißt du genau, daß die alle überhaupt Fisch essen? Das ist ja immer ein Risiko. Weißt du noch, wie G. sich damals von seiner Frau die Gräten hat rauspulen lassen? Vielleicht hat der nur aus Höflichkeit behauptet, daß er gerne Fisch ißt.

Erinnerst du dich, wie mir bei den Schmidts in Columbus Ohio mal der ganze Schnellkochtopf mit der Fischsuppe explodiert ist? Ach das war in Tübingen, als sie am Theater den »Eulenspiegel« bringen wollten? Ist auch nichts draus geworden. Na egal. Stimmt ja: In Columbus habe ich eine echt ukrainische Soljanka gemacht mit einer Kalbsniere ...

Wir können natürlich das Ganze noch umstellen auf Fleisch, dann sieht die Sache wieder ganz anders aus. Da könnten wir als Begrüßungstrunk anstelle des Prosecco auch eine Margarita kredenzen. Haben wir noch Tequila? Cointreau? Limetten bring ich vom Markt mit, muß ich dran denken. Die gibt es auch manchmal im Bio-Laden. Da sind sie übrigens schweineteuer.

Von der Margarita kriegt man sofort einen Schwips? Na um so besser. Eine Margarita – dann fröhlich. Man muß sie ja nicht so stark machen.

Bei der Gelegenheit: Warum es keinen Eiscrasher gibt, der das Eis richtig fein zu Schnee zermahlt, wird mir ewig ein Rätsel bleiben. Sonst stellen die doch jeden Dreck her, ob ein Mensch den braucht oder nicht.

Also Fleisch. Da eröffnen sich ganz neue Möglichkeiten. Erinnerst du dich übrigens, daß wir in unserer Anfangszeit immerzu Kaßler gegessen haben? Kaßler, bei der Witwe Specht, die zum Glück fast taub war, im Ricarda-Huch-Weg in Jena sonnabends auf dem Herd geschmort, dazu Erbsen und Möhren. Die hab ich teilweise auf dem Markt geklaut – ein Bündel Möhren bezahlt, eins geklaut. Ebenso wie die Bücher, Geld hatten wir ja keins.

Pudding hast du gekocht, Vanillepudding mit Schokoladensauce, aber meistens fehlte uns dazu der Zucker. Die Lebensmittelmarken mußten wir ja für das Stück

Schwarzmehltorte in dem Café am Markt sparen, weißt du noch, wie die schmeckte?

Und wie uns einmal genau 36 Pfennig fehlten, um unsere Zeche zu bezahlen, und das nächste Stipendium war erst in ein paar Tagen fällig? Aber die Kellnerin kannte uns und gab uns großzügig Kredit. Und dann wurden die HO-Läden und -Restaurants eingeführt, da gab es Waren und herrliche Gerichte für teures Geld und ohne Marken, und wir diskutierten weisungsgemäß mit den aufgeregten Leuten, daß dies zu ihrem Besten sei, und einmal sind wir auch in das HO-Restaurant am Markt gegangen und haben Bratkartoffeln und Sülze gegessen, das schmeckte phantastisch und hat ein Schweinegeld gekostet.

Und dann ist dir ja sowieso immer schlecht gewesen, wegen Schwangerschaft, und wir haben der Witwe Specht was von einer Fischvergiftung erzählt, bis die, harmlos wie sie war, doch Verdacht schöpfte und mißtrauisch wurde. Und wie ich dich immer an den Fischgeschäften vorbeiziehen mußte, Fischgeruch konntest du am allerwenigsten vertragen.

Und wie unser Professor Malte Wagner, der in englischer Emigration gewesen war, dich fragte, was wir eigentlich abends so trinken, und als du sagtest: »Kräutertee!« ein wenig fassungslos fragte: »Kann man das denn trinken?«, und mich zu sich bestellte und mir ein Päckchen gepreßten englischen Tees übergab, der bei uns wochenlang reichte.

Wein? Ich weiß gar nicht, wann wir zum erstenmal Wein getrunken haben. Vielleicht am Schwielowsee, im Schriftstellerheim? Nein, zu unserer Verlobung. Saale-Unstrut-Wein, ziemlich sauer! Oder erinnerst du dich noch an den Rosenthaler Kadarka? Das süße Zeug?

Wie auch immer: Kaßler haben wir ja später kaum noch gegessen. Eine Zeitlang waren die Nudelaufläufe modern, mit allen Wurstresten drin, Tomatenmark, mit Käse überbacken. Die haben gar nicht so schlecht geschmeckt. Oder der Thüringer Kartoffelsalat mit Spiegelei und grünem Salat. Ist auch bei uns aus der Mode gekommen, seit ich kaum noch Eier esse und als Würstchen höchstens Geflügelwürstchen in Frage kommen. Das Rinderfilet unter der Senf-Zwiebel-Kruste von Lotte Fürnberg war ja dann schon hohe Kochkunst, überhaupt die böhmische Küche. Aber heute macht man ja nicht mehr diese großen Braten. Nicht mal Schnitzel, ist einem einfach zuviel. Wie kommt das eigentlich?

Aber auch Kartoffelsuppe machen wir zum Beispiel viel zu selten. Auf die Frieder-Schlotterbecksche Art ist sie allerdings auch recht aufwendig.

Was kam da alles rein: Eine gute Brühe als Grundlage. Also das ist ja wirklich schlimm, daß sie einem durch das Gerede von BSE die Rinderbrühe verleidet haben. Also ich fang bald wieder damit an, Schluß mit der Pietät, jetzt wird gestreut. Bei den langen Inkubationszeiten dieses Virus hat der doch bei uns sowieso keine Chance. Weiter: Die Brühe natürlich mit Suppengrün ansetzen, rohe Kartoffelstückchen rein, ein Lorbeerblatt – dabei fällt mir ein: Warum kriegt man bloß nirgends ein Lorbeerbäumchen zu kaufen! Das hätt ich zu gerne, für frische Lorbeerblätter! –, ein paar Pfefferkörner, ein paar Apfelstückchen, eine Tomate, ein paar Knoblauchzehen, etwas Senf, Meerrettich, eine Prise Zucker, wenn man will Majoran. Und am Schluß muß man sich entscheiden: Entweder ein Schuß Wein rein oder Crème fraîche.

Wie bitte? Meinetwegen: Eierkuchen, aber *danach* –

nicht dazu, wie ihr kulturlosen Brandenburger das eßt. *Danach,* und mit Preiselbeeren.

Also jetzt lenk mal nicht ab, Kartoffelsuppe wollen wir unseren Gästen ja schließlich nicht vorsetzen. Wir müssen uns für das Fleisch zum Hauptgericht entscheiden. Was immer gut ist, sind gegrillte Lammkoteletts. Die würde ich beim Türken in der Wollankstraße holen, und dazu auch gleich die grünen Bohnen. Gegen Knoblauch wird doch keiner was haben?

Für den Fall, daß wir auf Lammkoteletts gehen, würde ich einen Vorspeisenteller machen mit Sardellenbrot, Tomatenhälften mit Mozarella und Basilikum – nebenbei gesagt finde ich Mozarella langweilig, zu geschmacklos –, ein Gurkenstreifchen, etwas Enten- oder Gänsepastete. Die gibt es wirklich gut allerdings nur im »Lafayette«. Warum sollte man da nicht extra hinfahren, da würde ich gleich den guten Roséwein mitbringen, den wir in La Napoule so gerne getrunken haben und die Rou... wie hieß die Sauce doch gleich? Wenn ich sie sehe, weiß ich's wieder, ach ja: Rouille! – ich weiß sogar, wo sie steht, und dann natürlich französischen Käse, denn eine Käseplatte muß sein, daran haben wir noch gar nicht gedacht.

Und vorneweg nur ein kleines Spinatsüppchen. Aber wieso soll das zuviel werden, ein Täßchen, um den Magen einzustimmen.

Und der Vorspeisenteller ist doch fast nur eine Verzierung! Den merkt man doch gar nicht!

Na gut, wir können natürlich auch einen richtigen italienischen Salat vorneweg machen, den hatten wir dieses Jahr noch gar nicht, mit allen Schikanen, mit grünem Salat als Grundlage, dazu Tomaten, Mortadella und Schinken und Oliven und Sardellen und ein paar

Scheiben hartgekochter Eier, Parmesan drübergerieben. Schmeckt immer.

Was – das schaffen wir nicht? Das macht zu satt? Aber du mußt den Gästen doch etwas anbieten! Kleine Portionen natürlich, dazu Baguette mit frischer Butter, da ist ja nun mal die Ravensburger Rollbutter die beste.

Und dann das Hauptgericht.

Also Schweinefleisch scheidet aus. Warum eigentlich. So ein sanft gebratenes Schweinehäschen, von Gemüsen der Saison umlegt, ist doch etwas sehr Gutes. Aber seit dir deine Heilpraktikerin gesagt hat, mit Schweinefleisch würde man sich auf der Stelle vergiften, ist Schluß damit. Nun gut. Oder schlecht. Als ob man sich mit anderem Fleisch nicht vergiftet. Leber zum Beispiel. Schmeckt hervorragend, unbestritten. Aber nein. Innereien speichern das Blei und alle möglichen Metalle. Hirn – na das kommt ja sowieso nicht in Frage.

Deine Großeltern haben gerne Brägen mit Rührei gegessen? Kann ich mir vorstellen. Die kamen ja auch aus Ostpreußen. *West*-preußen? Bittesehr. Meine kamen alle aus Thüringen und haben die Thüringer Klöße auf uns vererbt. Jeden Sonntag, den der liebe Gott werden ließ, da kannte mein Vater nichts. Der Sonntagvormittag war für die Klößeherstellung ausgebucht, und zwar für die ganze Familie. Diese vorsintflutliche Presse für den Kloßteig müßten wir eigentlich noch irgendwo haben. Ja, ja, der Teig, aus dem Tiefkühlfach ist gar nicht so schlecht, man kann ihn nehmen, aber es ist natürlich nicht dasselbe.

Kuddelfleckchen? Wie kommst du jetzt darauf. Ach so, wegen der Innereien. Also die haben wir nur in Prag gegessen, bei Honzas Baba. Das ist ja nun ein ausgesprochen tschechisches Gericht, ein Arme-Leute-Essen. Gereinigte Pansen! Da muß man schon sehr hungrig sein. Wie der Vers ging über die deutschen Emigranten, die 1933 nach Prag kamen? Warte mal:

Der eine ist der Redakteur, (F. C. Weiskopf)
Der andre ist der Kolporteur, (Wieland Herzfelde)
Der eine klebt die Bildereckchen, (John Heartfield)
Die andre macht die Kuddelfleckchen. (Herzfeldes Frau)
Und Grete hüllt sich ein in schöne Tücher. (Grete Weiskopf)
Wer aber schreibt ihr ihre Bücher?

Das hilft uns aber jetzt nicht weiter. Was nehmen wir für Fleisch. Kaninchen? Kann man sehr gut zubereiten, sogar auf spanische oder französische Art mit Wein, hat wenig Fett, ist gesund, aber ist komischerweise nicht jedermanns Sache. Bei Euch wurden die Karnickel einen Tag in Buttermilch eingelegt, dann einfach in die Röhre geschoben, eine Sauce mit saurer Sahne hergestellt und Rotkohl dazu? Immer auf ein und dieselbe Art und Weise? Obwohl ihr im Krieg mindestens zwölf Karnickel gefüttert habt? Naja, wie gesagt: die brandenburgische Küche ist nicht besonders einfallsreich.

Aber wie wär's denn mit Huhn. Hähnchen provencalisch zum Beispiel. Oder mit Calvados. Oder eben eine große Pfanne Coque au vin. Schmeckt garantiert. Und Reis dazu. Reis mit Mandeln und Rosinen, so ein bißchen orientalisch eingefärbt, und mit Weißwein gelöscht. Das wär natürlich ganz simpel. Und frische Hähnchen krieg ich immer, könnt ich sogar bei der Marktfrau bestellen. Dazu dann einen Gurken-Tomaten-Salat. Was meinst du?

Also nein. Huhn ist doch ein bißchen zu vulgär, findest du nicht. Das kriegen sie immer und überall.

Warum haben wir eigentlich noch nie Couscous mit verschiedenen Fleischsorten gemacht. Oder eine richtige Paella. An manche Sachen traut man sich einfach nicht heran.

Es gibt ja übrigens auch sehr edle Eintöpfe, das nennt sich dann pot au feu, schmeckt ausgezeichnet, aber Eintopf bleibt eben Eintopf.

Und Pasta kommt auch nicht in Frage, höchstens als Zwischengericht, wie bei den Italienern. Nur mit Basilikum oder Salbei und Knoblauch. Oder mit Pfifferlingen, die müßte es schon geben. Kannst du mir sagen, warum die jetzt alle aus Polen kommen müssen und keiner mehr am Rand unserer Brandenburgischen Wälder mit einem Körbchen steht wie früher? Sind wir zu faul geworden, uns zu bücken? – Besser wären allerdings Steinpilze.

Natürlich sehe ich vom Auto aus im Vorbeifahren jeden Pilz auf zwanzig Meter Entfernung, das ist bei mir so angelegt, genetisch, weißt du. Die Menschen sind eben verschieden. Warum du keine Pilze siehst, weiß ich auch nicht, ich fürchte, die interessieren dich nicht. Deine Oma – ja, die wußte, wie man Pilze sucht. Das glaub ich, daß die euch im Herbst '45 mit Butterpilzen ernährt hat. Damals müssen die mecklenburgischen Wälder noch voll davon gewesen sein. Wen hat das eigentlich gestört.

Wer hat uns diesen Moskauer Witz eigentlich erzählt?

War das Marja Sergejewna, als sie uns mit ihrem schwerkranken »Pobjeda« durch Moskau fuhr, zu den Hintereingängen der besten Restaurants, zu ihren Freunden, den Köchen, um für uns Kaviar einzusammeln? Je eine große Kelle besten schwarzen Kaviars auf Pergamentpapier geklatscht und dann in die »Prawda« eingewickelt? Und so ins Flugzeug? Weil man ohne Kaviar nicht aus Moskau abreisen konnte? Ja, so was vergißt man nicht.

Aber Adschika kriegt man jetzt auch hier, im russischen Laden. Wir müssen wirklich mal wieder Hammelsuppe mit Adschika machen. Und mit viel Knoblauch.

Nein nein, natürlich nicht für die Gäste. Also was machen wir. Ich hab noch eine bildschöne Kalbshaxe in der Kühltruhe. Kalb ist auch Rind? Seit wann denn das. Bei Kalb greift überhaupt noch kein BSE-Test, also was soll daran schon schädlich sein. Und übrigens kommt das Fleisch vom Bio-Bauernhof. Ob ich mir da sicher bin? So gut wie. Die Kalbshaxe könnte man sehr schön ganz geduldig braten: mindestens drei Stunden bei 150 Grad, in dem neuen Bräter, den man überhaupt nicht aufmachen muß, um den Braten zu begießen, weil das Kondenswasser immer wieder in den Topf zurückläuft, und erst ganz am Schluß noch einen ordentlichen Hitzeschub geben, damit er schön braun und knusprig wird, und den dann umlegen mit einer Art Leipziger Allerlei, nichts Scharfes, bei der sanften Tour bleiben, und kleine Butterkartöffelchen mit Petersilie.

Also schlecht ist so was nicht. Den entsprechenden Rotwein dazu, möglichst weich und samtig. Oder Rosé? Was meinst du? Also kein Kalb, wirklich nicht? Schade.

Geschnetzeltes ist auch nicht das Richtige, dazu müßte

es Rösti geben, die müssen wir noch ein bißchen üben, und Gulasch in jedweder Form fällt anscheinend auch weg, obwohl das nun wirklich vorzüglich sein kann, mit Mandeln, Rosinen und Rotwein. Oder scharf mit den kleinen Paprika-Biestern. Also nicht.

Ja was machen wir denn da?

Eine Möglichkeit gibt es natürlich noch: Wild. Komm mir jetzt bitte nicht mit Tschernobyl. Du hast nichts gesagt? Ich dachte nur. Ich habe ja auch kein lappländisches Rentier gemeint. Also ein sehr gutes Stück Hirschfilet hätt' ich ja noch in der Kühltruhe. Garantiert zart. Daß ich erkenne, ob ein Stück Wild gut ist oder nicht, das kannst du mir schon zutrauen, das hab ich aus der Zeit, als ich im Rathsfeld am Kyffhäuser als Junge sozusagen mit auf die Jagd gegangen bin, im Blut.

Das müßte man natürlich auch vorsichtig braten, mit viel Fingerspitzengefühl, damit es nicht verbrutzelt. Dazu auf jeden Fall Preiselbeeren. Rosenkohl ginge auch, oder Rotkohl. Mal sehen, das halten wir uns offen.

Und in diesem Fall würde ich einen Vorspeisenteller zurechtmachen, schön dekoriert, mit Oliven, Artischokkenherzen, einem Sardellenbrötchen, einem Kaviarhäppchen.

Käseteller, das war ja klar. Dazu blaue Weintrauben als Dekoration. Und als Dessert? Die ewige Rote Grütze? Weißt du noch, wie Hans Mayer in dem vornehmen Bremer Parkhotel Rote Grütze bestellte und dann so enttäuscht war? Wie er schließlich sagte, was sie in der Gruppe 47 immer nach der Lesung eines schwachen Textes gesagt haben sollen: »Doch doch!«

Man könnte natürlich auch aus Melone und Kiwi einen schönen Salat machen, wäre auch was fürs Auge.

Melone mit Schinken ginge übrigens auch als Vorspeise, und früher hätte man dazu ein Täßchen Schildkrötensuppe gereicht. Macht man ja heute nicht mehr, die armen Tiere müssen geschont werden. Aber irgend so ein herzhaftes Süppchen ... Zum Beispiel klarer Ochsenschwanz? Ochse ist auch Rind. Na wenn du meinst.

Eis ist übrigens als Dessert immer möglich. Eis und den Obstsalat dazu, was meinst du. Ideal wäre natürlich Palatschinken, aber das ist dir ja wieder zuviel, seh ich schon. Du stehst auf Obstsalat? Also gut. Dazu ein bißchen Biscuitgebäck von »Hussel«, da ist es am besten. Könntest du besorgen.

Wären wir uns also einig.

Einige Stunden gedankenvoller Pause

Also, nur mal als Gedankenexperiment: Wir können natürlich noch mal völlig umdenken und das Ganze um einen schönen Hecht herum gruppieren. Hecht, gebakken mit saurer Sahne und frischen Flußkrebsen. Aber die kriegen wir ja leider nur in Mecklenburg.

Ich meine bloß, wir haben ja noch etwas Zeit. Man kann sich ja auch mal ganz kurzfristig und schnell entschlossen entscheiden, nicht?

2003

IV

Donnerstag, 27. September 2001

Ich erwache von einer Stimme, die laut sagt: ein Riß im Gewebe der Zeit. Ich lausche dieser Stimme nach, beglückt über die Wahrheit, die sie ausspricht, ehe mir bewußt wird, wo ich bin; daß es früher Morgen ist, daß ich im Bett liege, und je mehr Realität mein Bewußtsein widerwillig zuläßt, um so mehr schwindet das Gefühl der Beglückung; ich habe lernen müssen, daß Wahrheit nicht glücklich macht, weil sie allein nichts bewirkt. Aufdringlich, so als gehörten sie zur Realität (und sie gehören ja auch dazu), entstehen auf meinem inneren Bildschirm die letzten Bilder von CNN, die ich heute nach Mitternacht noch gesehen habe und mit denen ich schwer einschlafen konnte, obwohl ich nicht versäumt hatte, die zwei Kapseln »Baldrian Dispert« zu nehmen: Der Sender verzichtete nicht auf das Wort Krieg: »America's War against Terrorism«.

Mit einem Schlag sind die Gefühle von Spannung und Angst wieder da, die dieser Realität entsprechen und die schon so oft in meinem Leben den Tagesanfang begleiteten. Heute also die Frage: Haben die Amerikaner heute nacht ihren angedrohten Vergeltungsschlag gegen Afghanistan – oder gegen wen sonst? – unternommen? Da ich mir einreden kann, es sei noch zu früh, um aufzustehen, drücke ich mich noch etwas vor der Antwort – ganz anders, erinnere ich mich, damals als der Golfkrieg begann: Da hockte ich um vier Uhr nachts vor dem Fernseher und sah, was ich sehen sollte: das Feuer, das der Landung der amerikanischen Truppen an der Küste Kuweits vorausging. Ich weinte und mußte dann in der Zeitung lesen, ich sei gegen Israel, wenn ich diesen Krieg nicht guthieße, um viel später zu erfahren, daß die junge Frau, die mit ihrem Augenzeugenbericht über die von entmenschten Irakern ermordeten kuweitischen Babys die letzte moralische Rechtfertigung für die Bombardements geliefert hatte, die Tochter eines Angehörigen der amerikanischen Botschaft war, die kein ermordetes Baby zu Gesicht bekommen hatte.

Ich gebe mir also noch eine Frist, ehe ich aufstehe, und ziehe aus den verrutschenden Bücherstapeln auf meinem kleinen gläsernen Nachttisch das Buch heraus, das zu »den Ereignissen« – so nennt man sie inzwischen – der letzten Wochen am besten, was heißt: unheimlich genau zu passen scheint: »City of God« von E. L. Doctorow, welches man, wenn man wollte, als einen Beweis mehr dazu gebrauchen – mißbrauchen? – könnte, daß für sensible Einwohner von New York lange schon eine Vorahnung von Katastrophen in der Luft gelegen haben muß, die sie zu einer intensiven Suche nach einem Grund für ihre Angst und für ihre moralische Unruhe trieb. »Es bleibt vielleicht nicht mehr viel Zeit. Wenn die Demographen recht haben, werden um die Mitte des kommenden Jahrhunderts zehn Milliarden Menschen auf der Erde leben. Gigantische Megastädte überall auf dem Planeten, voller Menschen, die um dessen Ressourcen kämpfen. Unter solchen Umständen werden die Gebete der Menschen als Schreie zum Himmel schallen. Und unseren Hoffnungen auf ein Leben, wie es sein könnte, werden solche Schändungen, solche Schocks widerfahren, daß das zwanzigste Jahrhundert zum verlorenen Paradies werden wird.«

Jenes zwanzigste Jahrhundert, denke ich, das Historiker doch, nicht einmal zwei Jahre ist das her, mit dem

Signum »grauenvollstes Säkulum der Menschheitsge-
schichte« verabschiedet hatten; das mich nur einmal
direkt in eine seiner Katastrophen hineingezogen, es mir
sonst aber gestattet hatte, an einer seiner gefährlichsten
Konfliktstellen zwar spannungsreich, äußerlich aber vergleichsweise unbehelligt zu leben. – Die Denkmaschine
ist also wieder angesprungen. Ich stehe auf, ziehe den
Vorhang zurück, ein trüber Tag, wie all die trüben Tage
seit dem 11. September.

G. ist schon in der Küche. Kaffee oder Tee? fragt er.
Tee. Im Bad drücke ich sofort auf den Knopf des kleinen schwarzen Radios. Nein. Es ist noch nicht Krieg.
Der Kreuzzug hat noch nicht begonnen. Der Ring der
Antiterrorkoalition um Afghanistan schließt sich. Auch
die ehemaligen Sowjetrepubliken Turkmenistan, Aserbei-
dschan und Usbekistan gehören dazu. Der Westen, höre
ich, sprich: die USA hätten seit längerem ein Interesse an
ungestörtem Öltransport durch Afghanistan. Während
ich dusche, mich anziehe, bequeme Sachen – vorläufig
kann ich zu Hause bleiben –, höre ich, Hunderttausende
von Flüchtlingen verlassen Afghanistan in Richtung Paki-
stan, oder sie ziehen sich aus den von Bombardements
bedrohten Städten aufs Land zurück – in beiden Fällen
haben sie keine Nahrungsmittel, die UNO warnt vor einer
»humanitären Katastrophe« und fordert Millionen von
Mark, um das Schlimmste zu verhindern, und ich, un-
verbesserlich, muß mir für den Bruchteil einer Sekunde
vorstellen, die an dem künftigen, schon als unausweich-
lich akzeptierten Krieg beteiligten Länder, allen voran die
USA, würden die Hälfte der Milliarden Dollar, die dieser
Krieg verschlingen wird, nicht auf die Unterstützung ihrer Rüstungsindustrie durch die Erzeugung neuen Be-

darfs verwenden, sondern diese Unsummen den vom Hungertod bedrohten Menschen für Nahrungsmittel, Medikamente, für den Aufbau ihres schon jetzt zerstörten Landes und für die Bestechung ihrer anscheinend käuflichen Stammesführer geben und so womöglich künftigen Terroristen Boden entziehen ... Unrealistisch? Um so schlimmer für die Realität. Rasend schnell, denke ich, gleitet die gute alte »Wirklichkeit« ins Absurde ab, die Grenzen des Erzählbaren scheinen immer mehr zu schrumpfen. Darüber wäre zu schreiben, denke ich. – Doch wozu?

Wortkarg sitzen wir am Frühstückstisch, G. hat seine geliebten Körner gemacht, Buchweizengrütze, die wir nebst ihrer authentischen Herstellungsart einst in Moskau kennengelernt haben, die wir uns manchmal von dort mitbrachten und jetzt in jedem Bioladen kaufen können. Wir reichen uns mit knappen Bemerkungen die Zeitungsblätter zu, Bin Laden, »der gesuchteste Mann der Welt«, ist also angeblich untergetaucht, die Taliban behaupten, ihn nicht zu finden, die USA, heißt es, legen es im Bündnis mit der »Nordallianz« darauf an, die Taliban zu vernichten, die Afghanistan unter ihrer Knute halten – besonders die Frauen, die rechtlos und grotesken Bestrafungen ausgesetzt sind, wenn sie die Gesetze übertreten, welche angeblich aus dem Koran abgeleitet wurden. Ich überfliege die Nachrichten, einige davon noch vor wenigen Jahren unvorstellbar – Putins Auftritt vor dem Bundestag, die CDU in Hamburg, die vier Prozent bei den Wahlen verloren hat, sieht darin den klaren Wählerauftrag, die Regierung zu bilden, und zwar mit Herrn Schill, dessen rechte Partei aus dem Stand fast zwanzig Prozent erreichte, die USA verzichten auf den militärischen Beistand der NATO, die Deutschen übernehmen die Führung bei der neuen Mazedonien-Mission, Peres und Arafat beschließen neue Sicherheitskooperation, der DAX, in den letzten Tagen in den Keller gerutscht, hat sich etwas erholt: Dies, denke ich, ist die wichtigste Nachricht, die »Normalität«, welche die »Global Players« anstreben und die wohl auch wir, wenig DAX-interessiert, wünschen müssen, frage ich mich, denn nolens volens sitzen wir alle in dem Boot, dessen Kurs die Börse bestimmt. Fragezeichen. Obwohl auch die Rückkehr zum Business as usual, sosehr Tausende von Schicksalen daran geknüpft sein mögen, eher zu den virtuellen Phantomen gehört, von denen ich mich umgeben sehe, und nicht zur Wirklichkeit, denke ich.

Denn »wirklich«, wenn dieses Wort noch etwas bedeutet, ist der Riß im Gewebe der Zeit. Das weiß ich, obwohl ich es da noch nicht so ausdrücken konnte, seit jener Minute am Nachmittag des 11. September, als auf dem Fernsehschirm im Zimmer meines Lektors (wo wir an einem Text gearbeitet hatten, jäh unterbrochen durch G.s Anruf: Schaltet den Fernseher an!) kurz nacheinander zwei Flugzeuge in die Zwillingstürme von New York rasten und, während mein Gehirn noch ungläubig nach Erklärungen suchte, mein Körper schon begriffen hatte und jenes unangenehm ziehende Gefühl erzeugte, das mir immer anzeigt, daß etwas Unwiderrufliches, zumeist Schreckliches passiert: Kriegsbeginn 1939; Flucht aus der Heimatstadt Januar 1945; Einmarsch der Warschauer-Pakt-Truppen in die Tschechoslowakei 1968. – Im Alter wäre ich gerne von Geschichte verschont geblieben. Wie gerne hätte ich meine Enkelkinder in ein friedlicheres Jahrhundert entlassen.

Ich erinnere mich, daß zwei Fragen kurz nacheinander in mir auftauchten, während ich, hypnotisiert von unglaubwürdigen Fernsehbildern, in dem fremden Zimmer stand: Fängt so der Dritte Weltkrieg an? Und: Ist das der Anfang vom Ende? Ich fing an, mich an diesen Fragen abzuarbeiten, während ich mein Manuskript zusammenpackte und dann auf das Taxi warten mußte, das ein ganz alltäglicher Stau aufgehalten hatte, während über das Autoradio die aufgeregten fassungslosen Stimmen der Reporter kamen und der Fahrer, ein bedächtiger Mann, zu meiner Erleichterung Erschrecken und Mitgefühl zeigte; seitdem haben diese Sätze mich begleitet, als Behauptungen, als Zweifelssätze, als Fragesätze, und sie haben wechselnde Antworten hervorgetrieben, von denen keine mir genügt. – Ich weiß noch, wie auf jener unwirklichen Taxifahrt die Gesichter meiner amerikanischen Bekannten und Freunde vor mir auftauchten und wie ich gleichzeitig, da ich die ganze Zeit aus dem Autofenster blickte, die Häuser, Straßen und Plätze meiner Stadt mit anderen Augen sah: als mögliche Ziele für blindwütige Zerstörung.

Es ist fast zehn Uhr, als ich die Zeitung weglege, die Küche aufräume, die Wäsche aus der Waschmaschine nehme und im Bad aufhänge, alle die Handgriffe, die das Gewebe des Alltags ausmachen und, in ihrer Summe, das Gewebe der Zeit; die mich jeden Tag aufs neue stören, da sie mich angeblich von der »eigentlichen« Arbeit abhalten, und die mich doch, je älter ich werde, jeden Tag aufs neue befriedigen: der kostbare Alltag. Nachdem ich die Betten gemacht habe, hocke ich mich auf den Bettrand und blättere in dem Doctorow, auf der Suche nach einem bestimmten Satz, der mir endlich auch ins Auge sticht: »Die wirkliche Konsistenz von gelebtem Leben«, lese ich, »kann kein Schriftsteller wiedergeben.« Direkt und lakonisch, wie man es sich nur wünschen kann. Dies werde ich mir jetzt also notieren, mit der gleichen grimmigen Genugtuung, mit der ein Patient sich die hoffnungslose Diagnose seines Arztes anhören würde. Als wüßte ich das nicht schon lange, sage ich mir, während mein Computer warmläuft. Wie lange? Nicht zu beantworten. Manche Einsichten erreichen dich, über Zeiträume verteilt, in homöopathischen Dosen, denke ich, ein schlaues Manöver des psychischen Abwehrsystems, um die Arbeitsfähigkeit nicht mit einem Schlag zu vernichten.

Doch als ich an jenem 11. September nach Hause kam, G. vor dem Fernseher fand, die Zwillingstürme wieder und wieder einstürzend, wußte ich, dies würde meine Arbeitsfähigkeit für unbestimmte Zeit zum Erliegen bringen. Ich setzte mich auf den Drehstuhl an meinem Schreibtisch, blickte mich sehr langsam in meinem Zimmer um, das mit all seinen Büchern, Möbeln, Bildern und Apparaten Beständigkeit vortäuschte, aber was galt noch?, und mein Blick fiel auf eine Postkarte, ein Schwarzweißfoto, das jetzt vor mir auf dem Manuskriptständer steht. Es zeigt Brecht in New York, auf einer Terrasse sitzend, Zigarre rauchend, nach oben blickend, hinter ihm die Türme von New York aufragend – jene vergleichsweise bescheidenen Türme, die es 1946, als Ruth Berlau dieses Foto machte, schon gab: das Empire State Building zum Beispiel. Ich weiß noch, daß ich dachte: Hätten sie es damit nicht genug sein lassen können? Hätten sie nicht an das Gleichnis vom Turm zu Babel denken können? An den Zorn des biblischen Gottes angesichts unserer Hybris? Oder an Brechts frühe Zeilen: Wir sind gesessen ein leichtes Geschlechte / In Häusern, die für unzerstörbare galten / (So haben wir gebaut die langen Gehäuse des Eilands Manhattan / Und die dünnen Antennen, die das Atlantische Meer unterhalten). // Von diesen Städten wird bleiben: der durch sie hindurchging, der Wind!

Brecht und viele andere deutsche Emigranten, denke ich – vor Jahren habe ich noch einige wenige alte jüdische Frauen in ihren New Yorker Wohnungen besuchen können –, sie alle hätten nicht überlebt, wenn es New York nicht gegeben hätte, die Stadt der Flüchtlinge, die auch diese Deutschen aufnahm und sie vor ihren Landsleuten rettete, die sich gerade eines beispiellosen Rückfalls in die Barbarei befleißigten.

Das Telefon. C. die Sekretärin unseres Vereins für das ehemalige jüdische Waisenhaus, wie wir ihn verkürzt nennen: Die Ausstellung »Jüdisches Leben in Pankow«, die im Foyer des Krankenhauses »Mariä Heimsuchung« hängt, sei teilweise mit Naziparolen und Hakenkreuzen besprüht worden. Die Kriminalpolizei sei schon da ... Also auch hier. Das Krankenhaus liegt, Luftlinie gerechnet, keine zweihundert Meter von uns entfernt. Es ist eine Pest. Ein Bazillus, der sich in unsere schöne heile reiche Welt eingefressen hat und sie von innen her verseucht. Und auch hier, denke ich, wird viel zu selten und dann nur von Experten gefragt: warum?

Warum ist es mir, genau sechzehn Tage ist es her, so vorgekommen, jene beiden Türme stürzten direkt in das leere Zentrum unserer Zivilisation, der dieser Angriff angeblich gegolten hat? Alle scheinen zu wissen, was unsere Zivilisation ist. Ich greife zu Wörterbüchern. »Bürgerlich« also nennt man seit dem 16. Jahrhundert auch »zivil«. Sieh an, das Wort »Zivilist« hat Goethe geschaffen. Und »Zivilisation« bringt man mit »Sittenverfeinerung«,

»Gesittung« in Zusammenhang: »die auf die Barbarei folgende Stufe der Entwicklung der menschlichen Gesellschaft«. Griechische Philosophie also, die monotheistischen Religionen, der Vernunftglaube der Aufklärung ... Und wenn sie alle unter dem »Terror der Ökonomie« ihre Wirkungskraft im Abendland verloren hätten und nur noch als Schimären in uns weiterlebten? Und haben nicht immer mehr Menschen gespürt, daß diese unsere Zivilisation ausgehöhlt ist? Haben sie nicht immer stärker das Bedürfnis gehabt, darüber miteinander zu reden? Kam nicht immer häufiger der Satz: So kann es nicht weitergehen? Und haben nicht die Film- und Fernsehproduzenten am meisten Geld verdient mit Filmen, in denen irdische und außerirdische Monster diese angeblich so hochgeschätzte Zivilisation in – bis dahin – unvorstellbare Katastrophen treiben?

Aufhören, aufhören! befehle ich mir. Mich dem Alltagskram zuwenden. Will der Verlag die Entwürfe für den neuen Buchumschlag sehen? Er will. Ein paar Sätze am Telefon hin und her – ja, sie beurteilen »die Lage« wohl ähnlich. Ich mache also den Brief nach München fertig mit den drei Varianten des Umschlags für das neue Buch.

Und da ich nun einmal bei der Post bin, schreibe ich gleich noch den Brief an Professor F., den ich lange vor mir hergeschoben habe und in dem ich ihm die näheren Umstände des Todes von Adolf Dresen schildere, da er ja auch eine Zeitlang dessen Arzt gewesen ist. Zu viele Freunde sterben in diesem Jahr, als entziehe eine unbekannte negative Kraft immer mehr Menschen jenen kleinen Überschuß an Energie, den man nötig hat, um sich am Leben zu halten. Und gerade ihn, Dresen, hätten wir jetzt gebraucht, am meisten seine Fähigkeit zur gnadenlosen Analyse. Er hätte kein Pardon gegeben. Er hätte genau begründet, warum er auch gegen diesen Krieg gewesen wäre.

Ein erfreulicher Brief ist zu beantworten. Eine Deutsch-Professorin aus Nürnberg bittet um einen Beitrag für eine Anthologie, in der sie Äußerungen unterschiedlicher Menschen zu einer Zeile aus Pablo Nerudas »Buch der Fragen« versammeln will: »Wer alles schrie vor Freude, als das Blau geboren wurde?« – Ich freue mich darauf, diesen Text zu schreiben, und ich weiß schon, wie er enden soll: Niemand anders als ein Außerirdischer muß es gewesen sein, der vor Freude schrie, als er zusah, wie die Erde, der blaue Planet, geboren wurde.

Weiter. Geschäftliches aufarbeiten. Mit M. S. über die Bedingungen, unter denen sie für mich einen Vertrag mit einem Theater aushandeln will. Wie immer sind ihre Vorstellungen klar, bestimmt und durchdacht, ich muß nur zustimmen, kann mich zurücklehnen und mich auf sie verlassen. Trotzdem: Immer mehr Zeit und Aufmerksamkeit muß ich auf die Weiterverwertung früherer Arbeiten richten und auf Anfragen jüngerer Leute, die nichts mehr von den Personen wissen, die wir gekannt haben, fast nichts von den Hintergründen der Ereignisse, an denen wir beteiligt waren. Oft kommt mir die Geschichte wie ein Trichter vor, in den unsere Leben hineinstrudeln, auf Nimmerwiedersehen. Dinosauriergefühl.

Ein Trompetensignal zwingt mich, aus dem Fenster zu sehen. Auf dem Nachbargrundstück soll nun doch ein Haus mit Eigentumswohnungen gebaut werden, der Boden wird dafür gerodet. Eine Megaphonstimme fordert die Anwohner auf, in ihren Häusern zu bleiben und die Fenster zu öffnen. Es werde eine Sprengung geben. Unser

Hausmeister, der sich im Garten zu schaffen macht, ruft zu uns hoch, man habe Munition aus dem Zweiten Weltkrieg gefunden. G. sagt, darauf habe er gewartet. Das Grundstück habe doch seit 1945 wild dagelegen, ein unersetzliches Biotop, da *mußte* doch Sprengstoff liegengeblieben sein. Wir öffnen also die Fenster, die Trompete des Sprengmeisters ertönt dreimal, ich setze mich vorsichtshalber auf den Stuhl im Flur, es gibt einen moderaten Knall, dann wieder die Trompete: Entwarnung. Ein paar Arbeiter gehen zu einem kleinen Krater. Ich kann ein verqueres Überlegenheitsgefühl nicht ganz unterdrücken: Da hat unsereins schließlich ganz andere Krater gesehen. Die Szene kann ich mir mühelos heraufrufen: April 1945. Unser Treck auf einer Landstraße. Die Flugzeuge, sehr tief. Das amerikanische Hoheitszeichen. Das Gesicht des Piloten als weißer Fleck in der Kanzel, die versprengten Bomben im Feld. Dann das gezielte Maschinengewehrfeuer. Und der Landarbeiter, der an meiner Stelle tot im Straßengraben liegt. Nein. Wer es erlebt hat, kann nicht für den Bombenkrieg sprechen. Kann von den »Kollateralschäden«, die ihn begleiten, nicht absehen. Von der Überzeugung, daß der Zweck nicht alle Mittel heiligt. Und von der Einsicht, daß die Bomben auch die Widersprüche im eigenen Land zudecken und zudecken sollen. Jedenfalls, als erstes, den Widerspruch. Schon hört man von der Disziplinierung von Lehrerinnen, die sich nicht an die Sprachregelung gehalten haben. So schnell? denke ich. Angst, daß unter all den Beliebigkeiten, mit denen die Spaßgesellschaft uns abgelenkt hat, nun doch die wirklichen Probleme auftauchen könnten, denen die etablierten Institutionen nicht gewachsen sind?

Ich zwinge mich, auch an diesem Tag wenigstens ein

paar Zeilen an dem Text zu schreiben, der eigentlich das Zentrum eines jeden Tages sein sollte. Die wirkliche Konsistenz von gelebtem Leben kann kein Schriftsteller wiedergeben, Mr. Doctorow? Nun denn, dagegengehalten: In dieser Warenwelt, die alles unter sich begräbt, hat Schreiben nur noch Sinn als Selbstversuch, einschneidend, sezierend, die feinsten Verästelungen der Person herauspräparierend und bloßlegend. Ein altmodisches Konzept, und eine Erklärung dafür, daß dieses langwierige Schreibwerk schier unüberwindliche Hindernisse um sich aufbaut. Heute aber geht es um eine von den leichteren Übungen: eine Szene bei Woolworth in der Second Street von Santa Monica, wo ich eine Lampe kaufe in einem langen Karton, die ich in meinem Apartment an meinen Eßtisch schrauben werde, um dort Arbeitslicht zu haben. Ich schildere also, wie mich in der Schlange vor der Kasse ein jüngerer schwarzer Mann anspricht, dessen Slang ich schwer verstehe, der mir ein Päckchen mit Süßigkeiten in die Hand drückt, die ich für ihn bezahlen soll, er gibt mir eine Dollarnote, die ich zuerst nicht annehmen will, worauf er aber besteht; er müsse nur mal schnell zur Toilette, verläßt mit langen Schritten das Geschäft, wie immer dauert der Akt des Bezahlens und Einpackens bei der ungeschulten Verkäuferin endlos lange, dann stehe ich da, warte, der Mann kommt nicht, hat er mich an der Nase herumgeführt, auf einmal steht er hinter mir, here you are!, erleichtert halte ich ihm sein Päckchen und das Wechselgeld hin, der vorher ruppige junge Mann ist wie verwandelt, lächelt, strahlt, thank you very much, Madam!, herzlicher Abschied, anscheinend war das ein Test, anscheinend habe ich ihn bestanden, schreibe ich.

Ein Rundfunkkommentator im Küchenradio hält den Satz des amerikanischen Präsidenten: »Wer nicht für uns ist, ist für unsere Feinde« in diesen Zeiten leider leider für angebracht. Vielleicht weiß er nicht, daß das einmal unterdrückte kritische Denken, wenn »diese Zeiten« wieder vorbei sein sollten, nicht so einfach wieder anzuknipsen ist. – C. kommt und zeigt mir Briefe, in denen sie und ihre Verwandten und Bekannten Mitglieder der Bundesregierung beschwören, auf keinen Fall ein Bundeswehrkontingent in den Afghanistan-Krieg zu schicken. Mehr können wir nicht tun, sagt sie.

In der Post die übliche Menge von Einladungen zu Ausstellungen und anderen Events, die in ihrer Fülle eher bewirken, daß ich zu Hause bleibe. Ein Brief von UNICEF: Man solle doch die monatliche Spende ein wenig aufrunden und auf Euro umstellen.

Unsere Freundin E. schickt uns eine Seite aus dem »Tagesspiegel« von gestern. Sie ist überschrieben: »Das feige Denken« und bringt als Mittelleiste, steckbriefähnlich neben- und untereinandergereiht, Fotos von Intellektuellen, die dieses »feigen Denkens« bezichtigt werden. »Künstler und Intellektuelle flüchten sich in antiamerikanische Ressentiments.« Gute Namen werden da mit aus dem Zusammenhang gerissenen Sätzen zitiert. Fehlt nur, daß ihre Adressen und Telefonnummern angegeben werden, damit der Volkszorn sie erreichen kann. – Wir sehen uns an. No comment.

Ich mache das Dressing für den Salat, G. kocht ein Gericht nach einem Fernsehrezept, Pasta mit Spinat vermischt, eine Sahne-Käse-Lachssauce dazu. Beim Essen erörtern wir die Chancen der verschiedenen Parteien und Kandidaten für die Berliner Wahlen im Oktober. Schon jetzt sagen die Umfragen ein grundsätzlich unterschiedliches Wählerverhalten in Ost- und Westberlin voraus: im Osten die PDS mit 36 Prozent voraussichtlich stärkste Partei, im Westen die CDU in gleicher Höhe – eine wiederum geteilte Stadt. Wer das vor elf Jahren vorausgesagt hätte ... Aber auch hier: Die Gründe dafür werden kaum untersucht, meistens wird den undankbaren Ost-Wählern unbegreifliche Nostalgie unterstellt. Doch sei zu beobachten, daß unter dem Eindruck »der Ereignisse vom 11. September« Ost- und Westdeutsche »enger zusammenrückten«. Also der Affekt gegen den gemeinsamen Feind soll die Probleme der deutschen Vereinigung lösen helfen? Unwahrscheinlich.

Müde. Hingelegt. Nehme noch einmal den Doctorow zur Hand. Er läßt mich nicht im Stich. Er läßt Sarah Gruen, die New Yorker Reformrabbinerin, zu ihrer kleinen Gemeinde an der Upper West Side sagen – mit der sie die »von Menschen geschriebene Bibel« erforscht, also auch die Übergabe der Gesetzestafeln an Moses –: »Was ich hier wahrnehme, was sich mir hier aufdrängt, ist der Eindruck, daß die Verfasser wußten, wie ethisch unauslotbar das menschliche Leben ist. ... Die biblischen Köpfe, welche die Zehn Gebote geschaffen haben, die ihrerseits der Zivilisation eine Struktur verliehen haben ... schufen die Möglichkeit zu einem ethisch geformten Leben.« Der Zivilisation eine Struktur verleihen ... Der Satz hat etwas Tröstliches, finde ich, ehe ich einschlafe. Ich bin dann wieder einmal in einer Art Labyrinth ineinander übergehender leerer Räume, halb unterirdisch, glaube ich, Frauen, die ich nicht kenne, kommen und gehen, aber ich weiß, eine Katastrophe steht bevor und muß verhindert werden. Wir instruieren uns gegenseitig, wie das zu geschehen hat. Jedenfalls muß eine eher primitive Vorrichtung, die fast unsichtbar in eine der glatten Wände eingelassen ist, unbedingt ständig überwacht werden, am besten durch mich. Als ich einmal rausgehe, gebe ich die Instruktion an eine jüngere Frau weiter: Wenn die Katastrophe einzutreten droht, muß man mit dem Fingernagel an einem kleinen Rädchen drehen, das übrigens exakt der Stellvorrichtung an meinem Wecker gleicht. Ich gehe also hinaus und erfahre beinahe sofort: »Die Katastrophe« naht. Ich renne in den Raum zurück. Da sitzt die junge Frau vor dem Rädchen, unglücklich, und hält einen Finger hoch: Ihr Fingernagel ist abgebrochen. Sie hat das Rad nicht weiterdrehen können. Jetzt ist es zu spät.

Na, sagt G., ganz schön eingebildet, meine Liebe. Wir decken in der Veranda den Kaffeetisch. B.s kommen, aus Halberstadt. Draußen ist es noch düsterer geworden. Regen hat eingesetzt. Helmut will mit uns über ein Problem reden, das ihm zu schaffen macht. Es sind Anschuldigungen gegen seinen alten Lehrer Hans Stubbe aufgetaucht, den bekannten Genetiker, der nach dem Krieg in Gatersleben, Sachsen-Anhalt, ein Institut für Kulturpflanzenforschung aufgebaut hat, das wir gut kannten, wo wir auch Professor Stubbe trafen, der große Verdienste hatte um die Genetik in der DDR, er zeigte Zivilcourage und konnte die Lyssenkoschen Pseudotheorien von der Vererbung erworbener Eigenschaften abwehren, ich habe damals ein längeres Porträt über ihn geschrieben. Nun wird ihm plötzlich postum aus westlichen Quellen vorgeworfen, er sei während des Krieges beteiligt gewesen am Raub von Saatgut aus der UdSSR. Helmut ist so weit wie möglich in das Material eingedrungen und hält diesen Vorwurf für unhaltbar. Soll er sich nun bei der Feier zu Stubbes 100. Geburtstag nächstes Jahr überhaupt damit auseinandersetzen? Oder soll er nicht besser – ausgehend von Stubbes wissenschaftlicher Leistung und seinem Standpunkt zu dem Problem »Freiheit und Verantwortung des Wissenschaftlers« – die Frage nach dem Recht, vielleicht sogar der Pflicht des Genetikers stellen, aufgrund der neuen Forschungsergebnisse in Lebensprozesse einzugreifen, die noch vor kurzem tabu waren? – Ich kann aus Mangel an Sachkenntnis keinen nützlichen Rat geben, neige aber zu der zweiten Version. Wir verabreden, daß wir zu dem Colloquium zu Stubbes Ehren mal wieder nach Gatersleben kommen werden, daß ich nach vielen Jahren, nach Jahrzehnten, rechnen wir aus, einmal wieder dort lesen soll. Wir erinnern uns an unsere lebhaften, kritischen Diskussionen über Genetik und Politik damals, in einem anderen Leben.

Als Kuriosum hat Helmut die Ablichtung einiger Seiten aus einem neuen Essay von Peter Hacks über die Romantik mitgebracht, in dem dieser über die »Konterrevolution« in der DDR im Herbst 89 behauptet, sie sei »von mindestens zwei sowjetischen Geheimdiensten, auch wohl von denen unterstellten Kräften im Staatssicherheitsdienst der DDR ins Werk gesetzt. Nach außen hin einberufen wurde sie von Künstlern. ... Kein Arbeiter, kein Bauer und kein Wirtschaftsleiter« habe sich »an der Abschaffung des SED-Staates beteiligt«. Die Schriftsteller ihrerseits, unter anderem auch ich durch »Kein Ort. Nirgends«, bereiteten diese Konterrevolution durch hemmungslose Propagierung der deutschen Romantik vor, und wir wollten sie eigentlich schon 1976, durch unseren Protest gegen die Ausbürgerung Biermanns, auslösen, lese ich. Aber »die Regierung der DDR wünschte damals noch nicht zurückzutreten und stellte die Sache ab«. – Hut ab. Darauf muß man erst mal kommen.

Abfahrt zur Literatur-Werkstatt am Majakowskiring zum Gesprächskreis. Inzwischen regnet es richtig. Die zwei Lampen links und rechts vom Eingang brennen. Ich betrachte das Haus nicht ohne Wehmut: Wir tagen hier heute zum letzten Mal. Im Dezember muß die Literatur-Werkstatt ausziehen, wir mit ihr – das Haus hatte vor 1933 jüdische Besitzer, jetzt verwaltet es der Jewish Claim, der es verkaufen will, für einen Preis, den der Senat von Berlin nicht zahlen kann. Seit fast zehn Jahren waren wir einmal im Monat hier, die meisten Leute, die nach und nach hereinströmen, kenne ich, und sie kennen sich untereinander, die Atmosphäre ist vertraut, in Grüppchen setzt man sich auf seine Stammplätze, der Andrang ist größer als sonst, anscheinend ist das Bedürfnis groß, miteinander zu reden – noch dazu, wo das Thema, das schon vor drei Monaten festgelegt wurde, beinahe übertrieben brisant ist: »Rom und Amerika – einzige Weltmächte ihrer Zeit«.

Peter Bender als Referent skizziert, wie diese beiden durch zwei Jahrtausende voneinander getrennten Mächte – durch Halbinsel- bzw. Insellage begünstigt – in einem lange währenden Gefühl der eigenen Unverwundbarkeit einem Isolationismus anhingen, dann durch Kriege gezwungen wurden, sich in das Weltgeschehen einzumischen, ihre Macht immer weiter auszudehnen und schließlich die jeweils einzige Großmacht ihrer Zeit zu werden, bis eine von ihnen, Rom, an ihrer Übermacht und inneren Ohnmacht zugrunde geht. Neben vielen anderen Unvergleichlichkeiten zwischen dem Römischen Imperium und dem Informal Empire of America sind es die zu höchster Vollkommenheit entwickelten Waffen, mit denen Amerika sich unverwundbar zu machen sucht und die, jedenfalls in diesem Fall, durch neunzehn selbstmordbereite Männer mit Teppichmessern ausgeschaltet wurden. Noch nie sei eine Zivilisation so verwundbar gewesen wie die unsere. Zweihundert Jahre insularer Sicherheit seien für die USA in wenigen Stunden zu Ende gegangen, und wie sie diesen Schock verarbeiten, sei für uns alle von existentieller Bedeutung.

Die Diskussion, lebhaft wie immer, noch ernsthafter als sonst, hakt sich zuerst an der Frage fest, ob denn wirklich, wie behauptet, nach dem 11. September nichts mehr so sei wie davor. Die Auseinandersetzung mit dieser neuen Herausforderung gehe doch nach dem alten Muster vor sich, Gewalt gegen Gewalt, unser Verhalten sei doch schnell wieder in die alten Geleise gesprungen. Aber was gebe es denn für eine Alternative, wird dagegen gefragt, verstünden Terroristen denn eine andere Sprache? Auf diese Frage habe ich gewartet. Zu gut kenne ich das Gefühl, zwischen falschen Alternativen mit dem Rücken an der Wand zu stehen und mich nur noch für Falsches entscheiden zu können, zu genau weiß ich: Dies ist ein sicheres Symptom dafür, daß eine Gesellschaft sich in einer grundlegenden Krise befindet, sage ich, und daß es lebenswichtig wäre, dieses Signal nicht wieder zu übersehen und zu überfahren. Doch wo gibt es die gesellschaftlichen Kräfte, die das politische und wirtschaftliche Establishment zwingen könnten, die blinden Flecken wahrzunehmen, die, von seiner Arroganz, seiner Selbstgewißheit und natürlich seinem falsch verstandenen Interesse erzeugt, es daran hindern, die Realität zu sehen und zu erkennen, daß wir alle, die wir von der gegenwärtigen ungerechten Weltordnung profitieren, auf Dauer nur überleben können, wenn wir uns auch um das Wohlergehen der Menschen sorgen, die jetzt unter dieser »Ordnung« leiden.

Während die Redner wechseln, die Argumente hin- und hergehen, frage ich mich, ob ein Außenstehender heute noch – wie vor wenigen Jahren – erkennen würde, wer hier aus dem Osten, wer aus dem Westen kommt; erinnere mich, wie unsere Themen wechselten, zuerst die Problematik der Wende, dann die Strukturen der westdeutschen Institutionen, und wie wir immer öfter uns alle betreffende Probleme behandelten. Eigentlich, denke ich, hat dieser Kreis seinen Zweck erfüllt, aber mein Vorschlag, ihn mit dem Auszug aus seinem langjährigen Domizil zu beenden, kommt zu keinem günstigen Zeitpunkt und stößt sofort auf Widerspruch: Man wolle weder die Nähe untereinander noch die Offenheit in der Diskussion, die man sonst nirgendwo fände, in Zukunft missen. Das nächste Mal werden wir darüber entscheiden.

In den Spätnachrichten erfahre ich, das erste Sicherheitspaket des Innenministers ist vom Bundesrat angenommen worden.

In jener Wachmüdigkeit, die das Einschlafen schwer macht, lese ich im Bett noch im Doctorow, meinem treulichen Begleiter durch diesen Tag. Ich stoße auf eine überraschende Stelle, die allerdings nicht von ihm selbst, sondern von Ludwig Wittgenstein ist und jedem Hang zu europäischer Überheblichkeit, sollte er sich irgendwo noch gehalten haben, den Garaus macht: »Postum möchte ich sagen, daß Europa die Schwäre der Welt ist, daß ihr in Amerika, die ihr das Beste, was Europa zu bieten hat, genommen habt und hofftet, dem Schlimmsten zu entgehen, im Dunkeln pfeift. All euer gottgesättigtes Denken bildet die religiösen Figuren nach, die europäische Kleriker aus der Wahnwelt des Vorderen Orients der Antike geformt haben, all eure sozialen Reibungen sind das Erbe der kolonialistischen, versklavenden Wirtschaftssysteme europäischer Geschäftsleute, all eure metaphysischen Probleme haben europäische Intellektuelle für euch ausgeheckt, und nun seid ihr über den Ozean gekommen und in zwei Weltkriege geraten, die europäische Politiker entfacht haben, wodurch ihr in eurer Republik eben jene militaristische Staatsgesinnung etabliert habt, die unsere Städte seit Hadrians Zeiten zum Lodern bringt.«

Wie sagte doch Ingeborg Bachmann, eine Schülerin Wittgensteins? »Die auf Widerruf gestundete Zeit / wird sichtbar am Horizont. /... Es kommen härtere Tage.«

2002

Textnachweise

Nagelprobe. Erstveröffentlichung in: Katalog zu Günther Uecker, Aufbruch. Werke 1986-1991. Sankt Gallen, Erker Galerie 1992.

Im Stein. Erstveröffentlichung in: Argonautenschiff 5. Jahrbuch der Anna Seghers Gesellschaft Berlin und Mainz e.V. Berlin und Weimar, Aufbau-Verlag 1996.

Assoziationen in Blau. Erstveröffentlichung in: Neruda Blau. Ein poetisches Spiel mit der »schönsten aller Farben«. Hg. von Gabriele Pommerin-Götze. Gräfelfing, Realis 2003.

Begegnungen Third Street. Erstveröffentlichung in: ndl. Zeitschrift für deutschsprachige Literatur und Kritik. 43. Jahrgang, 500. Heft. Berlin, Aufbau-Verlag März/April 1995.

Fototermin L. A. Bislang unpubliziert.

Wüstenfahrt. Erstveröffentlichung in: Christa Wolf / Günther Uecker, Wüstenfahrt. Berlin, Gerhard Wolf Janus press 1999. Und in: Hierzulande Andernorts. Erzählungen und andere Texte 1994-1998. München, Luchterhand Verlag 1999.

Er und ich. Erstveröffentlichung in: Die Poesie hat immer recht. Gerhard Wolf. Autor Herausgeber Verleger. Ein Almanach zum 70. Geburtstag. Hg. von Peter Böthig. Berlin, Gerhard Wolf Janus press 1998.

Herr Wolf erwartet Gäste und bereitet für sie ein Essen vor. Erstveröffentlichung in: Herr Wolf erwartet Gäste und bereitet für sie ein Essen vor. Berlin, Gerhard Wolf Janus press 2003.

Donnerstag, 27. September 2001. Erstveröffentlichung in: ndl. Zeitschrift für deutschsprachige Literatur und Kritik. 50. Jahrgang, 543. Heft. Berlin, Aufbau-Verlag Mai/Juni 2002.